Kohlhammer

Lindauer Beiträge zur Psychotherapie und Psychosomatik

Herausgegeben von Michael Ermann und Dorothea Huber

Michael Ermann, Prof. Dr. med. habil., ist Psychoanalytiker in Berlin und em. Professor für Psychotherapie und Psychosomatik an der Ludwig-Maximilians-Universität München.

Dorothea Huber, Professor Dr. med. Dr. phil., war bis 2018 Chefärztin der Klinik für Psychosomatische Medizin und Psychotherapie an der München Klinik. Sie ist Professorin an der Internationalen Psychoanalytischen Universität, IPU Berlin, und in der wissenschaftlichen Leitung der Lindauer Psychotherapiewochen tätig.

Eine Übersicht aller lieferbaren und im Buchhandel angekündigten Bände der Reihe finden Sie unter:

 https://shop.kohlhammer.de/lindauer-beitraege

Michael Ermann

Narzissmus

Vom Mythos zur Psychoanalyse des Selbst

2., aktualisierte Auflage

Verlag W. Kohlhammer

Dieses Werk einschließlich aller seiner Teile ist urheberrechtlich geschützt. Jede Verwendung außerhalb der engen Grenzen des Urheberrechts ist ohne Zustimmung des Verlags unzulässig und strafbar. Das gilt insbesondere für Vervielfältigungen, Übersetzungen und für die Einspeicherung und Verarbeitung in elektronischen Systemen.

Pharmakologische Daten verändern sich ständig. Verlag und Autoren tragen dafür Sorge, dass alle gemachten Angaben dem derzeitigen Wissensstand entsprechen. Eine Haftung hierfür kann jedoch nicht übernommen werden. Es empfiehlt sich, die Angaben anhand des Beipackzettels und der entsprechenden Fachinformationen zu überprüfen. Aufgrund der Auswahl häufig angewendeter Arzneimittel besteht kein Anspruch auf Vollständigkeit.

Die Wiedergabe von Warenbezeichnungen, Handelsnamen und sonstigen Kennzeichen berechtigt nicht zu der Annahme, dass diese frei benutzt werden dürfen. Vielmehr kann es sich auch dann um eingetragene Warenzeichen oder sonstige geschützte Kennzeichen handeln, wenn sie nicht eigens als solche gekennzeichnet sind.

Es konnten nicht alle Rechtsinhaber von Abbildungen ermittelt werden. Sollte dem Verlag gegenüber der Nachweis der Rechtsinhaberschaft geführt werden, wird das branchenübliche Honorar nachträglich gezahlt.

Dieses Werk enthält Hinweise/Links zu externen Websites Dritter, auf deren Inhalt der Verlag keinen Einfluss hat und die der Haftung der jeweiligen Seitenanbieter oder -betreiber unterliegen. Zum Zeitpunkt der Verlinkung wurden die externen Websites auf mögliche Rechtsverstöße überprüft und dabei keine Rechtsverletzung festgestellt. Ohne konkrete Hinweise auf eine solche Rechtsverletzung ist eine permanente inhaltliche Kontrolle der verlinkten Seiten nicht zumutbar. Sollten jedoch Rechtsverletzungen bekannt werden, werden die betroffenen externen Links soweit möglich unverzüglich entfernt.

2., aktualisierte Auflage 2023

Alle Rechte vorbehalten
© W. Kohlhammer GmbH, Stuttgart
Gesamtherstellung: W. Kohlhammer GmbH, Heßbrühlstr. 69, 70565 Stuttgart
produktsicherheit@kohlhammer.de

Print:
ISBN 978-3-17-043075-4

E-Book-Formate:
pdf: ISBN 978-3-17-043076-1
epub: ISBN 978-3-17-043077-8

Inhaltsverzeichnis

Vorwort 9

1. Vorlesung
Narzissmus als Thema unserer Kultur 11
   Einleitung: Was ist Narzissmus? 11
   Der Mythos von Narziss 15
      Interpretationen 18
   Narziss im Spiegel der Kultur 20

2. Vorlesung
Von der Autoerotik zur Objektbeziehung 26
   Wie der Narzissmus in die Psychoanalyse kam 26
   Sigmund Freud: »Zur Einführung des Narzißmus« 29
      Stand der Theorie um 1910 31
      Freuds Narzissmuskonzept 33
   Weitere Entwicklungen des Narzissmuskonzepts 40
      Narzissmus als Sehnsucht nach dem Paradies:
      Sándor Ferenczi und Béla Grunberger 40
      Der Beitrag der Ichpsychologie: Heinz Hartmann .. 42
      Narzissmus in der Objektbeziehungstheorie 43
      Narzissmus als Persönlichkeitsstörung: Otto F.
      Kernberg 48
      Das Doppelgesicht des Selbst bei Jaques Lacan 51

3. Vorlesung
Vom Selbst zur Intersubjektivität 54
Von der Metapsychologie zur Soziogenese des Selbst 54
    Beiträge der empirischen Entwicklungsforschung .. 56
Narzissmus als Störung der Entwicklung des Selbst: Heinz Kohut 57
    Die Entwicklung des Selbst 60
    Entwicklung des Narzissmus 62
    Narzisstische Störungen 63
Von der Selbstpsychologie zum Intersubjektivismus 65
    Die intersubjektive Wende: Stolorow und Atwood 66
    Die Feldtheorie und der intersubjektive Ansatz 68
    Entwicklungspsychologischer Intersubjektivismus: Daniel Stern 69
    Narzissmus aus intersubjektiver Sicht 71

4. Vorlesung
Pathologischer Narzissmus 76
Die vielen Gesichter des pathologischen Narzissmus 76
Erscheinungen des pathologischen Narzissmus 79
    Identitätsdiffusion 80
    Das bipolare Selbst 82
    Pathologischer Neid 86
    Objektverwendung und narzisstische Kollusion 87
    Narzisstische Krisen 89
    Narzissmus und Strukturniveau 91
Narzissmus auf niederem Strukturniveau 93
    Identitätsdiffusion, das grandiose und das inferiore Selbst 93
    Maligner und antisozialer Narzissmus 95
    Entstehung und Disposition 96
Präödipaler Narzissmus auf mittlerem Strukturniveau 97
    Entwicklungspathologie 98
    Konfliktpathologie 100
    »Narzisstische Neurosen« 101
    Präödipale narzisstische Persönlichkeitsstörungen .. 103

Die Struktur des präödipalen Narzissmus 104
Entwicklungshintergrund 105

5. Vorlesung
Konzepte zur Behandlung narzisstischer Störungen 107
Der Freud'sche Ansatz 107
Der Ansatz der »britischen Schule« 109
    Balint 109
    Winnicott 109
Kernbergs Behandlungskonzept des Narzissmus 110
    Übertragungsfokussierte Psychotherapie (TFP) 111
    Weitere neuere Ansätze 112
Der selbstpsychologische Behandlungsansatz 113
    Narzisstische Übertragungen 114
    Behandlungsstrategie 115
Die Kohut-Kernberg-Kontroverse 117
Erweiterungen durch den intersubjektiven Ansatz 119
Schlussfolgerungen 122

Literatur 126

Personenverzeichnis 131

Stichwortverzeichnis 133

Für Jacob

Vorwort

Dieses Buch handelt von der Beziehung des Selbst zu sich selbst. Wir nennen die Selbstbeziehung »Narzissmus« nach der Geschichte, die uns aus der griechischen Mythologie überliefert ist: Die Geschichte des schönen Jünglings Narziss, der sich in sein Selbstbild verliebte und darin verharrte, bis ihm sein Irrtum bewusst wurde und er begriff, dass es Selbstliebe ist, der er verfallen war. Diese Geschichte hat unseren Kulturprozess begleitet und ganz unterschiedliche Auslegungen erfahren. In ihnen spiegelt sich der Geist der Zeit, in der sie entstanden sind.

Unsere heutige Zeit ist für ein breites Spektrum von Auffassungen offen. Es reicht von der Idee eines positiven Narzissmus als Quelle von Schaffenskraft und Lebensfreude zu einem Narzissmus als pathologische Persönlichkeitsorganisation, welche insbesondere die Psychotherapie beschäftigt. Aber der pathologische Narzissmus betrifft unsere Zivilisation weit darüber hinaus als Quelle der zerstörerischen Kräfte, die unser Zusammenleben und unsere Umwelt zutiefst bedrohen.

Grund genug also, sich mit dem Narzissmus zu beschäftigen. 100 Jahre nach dem Erscheinen der Schrift »Zur Einführung des Narzißmus«, mit der Sigmund Freud 1914 den psychoanalytischen Diskurs über das Thema eröffnete, hatte ich dazu bei den Lindauer Psychotherapiewochen Gelegenheit mit einer Vorlesungsreihe, auf die dieses Buch zurückgeht. Ich habe versucht, den Bogen zu spannen von der Kulturgeschichte des Narzissmus über die Geschichte seiner Psychodynamik zu den gängigen Konzepten der Psychopathologie. So ist ein Band entstanden, der sich als Einführung an Interessenten und Anfänger im Beruf wendet, aber auch denen Anregungen geben will, die sich noch einmal mit Bekanntem beschäftigen wollen. Im Übrigen verweise ich auf die vielen, z. T. umfangreichen Darstellungen, die zum Narzissmusthema in den letzten Jahren erschienen sind, insbesondere auf die beiden Sammelbände von Dammann u. a. (2012) und von Kernberg und Hartmann (2006) sowie auf das Lehrbuch der Selbstpsychologie von Milch (2001) und die Darstellung von Altmeyer (2000). Allen verdanke ich wichtige Anregungen.

Die Durchsicht des Textes für die zweite Auflage hat mich überzeugt, dass er nach wie vor aktuell ist und keine substanziellen Änderungen und Erweiterungen erfordert.

Wie bei meinen früheren Bänden, die in der »Lindauer Reihe« erschienen sind, danke ich dem Verlag für die sorgfältige Betreuung des Projektes. Ebenso danke ich Herrn Dr. J. Werner Stauten für die tatkräftige Unterstützung.

Berlin, im Frühjahr 2023　　　　　　　　　　　　　　*Michael Ermann*

1. Vorlesung
Narzissmus als Thema unserer Kultur

Einleitung: Was ist Narzissmus?

»Was ist Narzissmus?« Ich habe einmal in der Psychosomatik-Vorlesung meine Studenten gefragt, was ihnen zu »Narzissmus« einfällt. Die Antworten waren ziemlich einhellig: Narzissmus sei krankhafte Selbstliebe, rücksichtsloser Egoismus, Selbstdarstellung und Geltungssucht, Selbstbezogenheit und Selbstsucht. Das hat meine Erwartung bestätigt, dass Narzissmus im Allgemeinen negativ bewertet wird.

Auch in der Psychotherapie hat Narzissmus zumeist eine negative Konnotation und wird im Zusammenhang mit Fehlentwicklungen gesehen. Das mag daran liegen, dass wir als Psychotherapeuten vor allem mit dem Narzissmus zu tun haben, wenn er Leid hervorruft und Krankheit erzeugt.

Dabei wird meistens nicht bedacht, dass Narzissmus im Sinne von Selbstliebe und Selbstwert auch eine ganz normale Seite der menschlichen Psyche ist, nämlich ein Aspekt der Entwicklung und eine Grundlage des Erlebens und Verhaltens. Wenn er »gezähmt« wird und die bizarren Extreme des narzisstischen Erlebens und Verhaltens gemäßigt werden, trägt er unser Selbstwertgefühl. Er wird dann zu einer Quelle der Kreativität und bereichert unsere Beziehungen und die Kultur. Um beziehungsfähig zu sein, brauchen wir ein gesundes narzisstisches Gleichgewicht. Macht und Einfluss, Erfolg und Geltung beruhen oftmals auf einer positiven narzisstischen Grundhaltung. Wer in unserer Gesellschaft vorankommen will, braucht ein gehöriges Maß an Selbstbewusstsein, er braucht einen gesunden Narzissmus.

Narzissmus ist die Art und Weise des Selbstbezugs. Er wird in den frühen Beziehungen geformt. Das Grundmuster wird in der kindlichen Entwicklung angelegt und das ganze Leben lang als Ergebnis von Erfahrungen mit sich selbst und anderen neu gestaltet. Er bildet die Grundlage für völlig verschiedene alltägliche und klinische Phänomene (▶ Kasten 1.1). Als normaler Narzissmus ist er ein bedeutsames Merkmal unserer Individualität, eine Dimension unserer Beziehung zu anderen, ein Motivator unseres Schaffens und unserer Lebenskraft. Als pathologischer Narzissmus bildet er die Grundlage für vielfältige Formen psychischer Störungen.

Kasten 1.1: Alltägliche und klinische narzisstische Phänomene

- *Narzisstische Eigenschaften:* Selbstbezogenheit, Selbstdarstellung, Selbstverliebtheit
- *Persönlichkeitsstrukturen:* Narzisstische Persönlichkeit und Persönlichkeitsentwicklung
- *Beziehungsformen:* Narzisstische Objektbeziehung, narzisstische Objektwahl, narzisstische Kollusion
- *Psychische Störungen:* Narzisstische Neurosen, narzisstische Persönlichkeitsstörungen
- *Entwicklungspsychologische Positionen:* Narzisstisches Grundkonflikt, phallisch-narzisstische Phase
- *Ätiologische Konzepte:* Narzisstische Entwicklung, Störung der Selbst-Entwicklung
- *Psychodynamische Prozesse:* Libidobesetzung des Ich, Rückzug der Libido auf das Ich/das Selbst
- *Soziokulturelle Entwicklungen:* Narzisstischer Sozialisationstyp, Zeitalter des Narzissmus

---

Man kann den Narzissmus auch als Persönlichkeitsakzentuierung beschreiben, die durch ein geringes Selbstwertgefühl bei gleichzeitiger Selbstüberschätzung ausgezeichnet ist. Sie umfasst verschiedene Grade der Selbstbezogenheit als Gegenstück zur Fremdbezogenheit, der Objektliebe. Dabei schließen Selbstliebe und Objektliebe sich nicht aus. Jeder Mensch hat beide Anteile in sich.

Gesunder (»positiver«) Narzissmus bewegt sich im Zwischenbereich zwischen beiden Polen; das Gewicht des einen gegenüber dem anderen Pol wird in Beziehungen zwischen den Beteiligten unbewusst ausgehandelt. Es kann sich, je nach Situation und Kontext, auch verschieben.

Pathologischer Narzissmus ist die Folge einer Fehlentwicklung, die auf das Selbst bezogen ist. In Kurzform kann man auch sagen: Pathologischer Narzissmus ist eine Störung im Selbst. Dabei handelt es sich um Formen der Selbstbezogenheit, bei denen starre narzisstische Haltungen vorherrschen und rigide narzisstische Verarbeitungsmuster die inneren Prozesse beherrschen. Wenn jemand völlig auf sich selbst bezogen ist, sodass er für andere nur dann Interesse hat, wenn er seinem Selbst dient, kann man von einer krankhaften Selbstliebe sprechen. Diese Einstellung ist der Kern des pathologischen Narzissmus. Er ist ein Krankheitsrisiko und kann verschiedene Formen klinischer Syndrome hervorbringen, oder er kann sich zu einer narzisstischen Persönlichkeitsstörung weiterentwickeln (▶ 4. Vorlesung).

Beim pathologischen Narzissmus handelt es sich, grob betrachtet, um zwei Gruppen von Patienten:

- Patienten mit sog. *narzisstischen Neurosen*, d.h. mit psychischen und körperlichen Symptomen, denen eine narzisstische Persönlichkeitsentwicklung und Psychodynamik zugrunde liegen. Dazu gehören viele depressive, Angst- und somatoforme Störungen;
- Patienten mit *narzisstischen Persönlichkeitsstörungen* in verschiedener Schwere und Ausprägung; häufig steht bei ihnen die Charakterpathologie mit Selbstwert- und Beziehungsproblemen, Lern- und Arbeitsstörungen im Vordergrund, oft kommen auch Verhaltensstörungen wie Essstörungen und Suchtverhalten hinzu.

Narzisstische Störungen haben heute einen großen Anteil an der Alltagsarbeit in der dynamischen, psychoanalytisch begründeten Psychotherapie. Damit hat sich das Arbeitsprofil der Therapeuten gegenüber den Anfängen der Psychotherapie grundsätzlich verändert. Denn Sigmund Freud, der sich auf der Grundlage der Triebpsychologie hauptsächlich mit »klassischen« Neurosen befasst hatte, hat narzisstische Patienten für unbehandelbar gehalten.[1] Er konstatierte bei ihnen eine besondere Art der Bindung und Fixierung der Libido an die eigene Person. Sie bewirke, so dachte er, dass diese Patienten in der Selbstliebe verhaftet bleiben. Deshalb könnten sie keine Liebe aus ihrer Kindheit auf die gegenwärtige psychoanalytische Behandlung übertragen. Da er die Analyse der Übertragung damals aber als den Angelpunkt seiner Therapie betrachtete, kam er zu dem Schluss, dass der Narzissmus mit den Mitteln der Psychoanalyse nicht zu behandeln sei. Diese Auffassung ist von ihm nie revidiert worden[2] und wurde von der Generation seiner Schüler übernommen.

Inzwischen hat sich die Einstellung gegenüber dem Narzissmus grundlegend gewandelt. Dazu haben die Erfahrungen aus der Behandlung von Psychotikern ab 1940, vor allem in den USA, die Entwicklung der Ich- und Objektbeziehungspsychologie sowie die Ausweitung des Behandlungsspektrums Mitte des vorigen Jahrhunderts maßgeblich beigetragen. Die Selbstpsychologie und ihre innovative Narzissmustheorie in den Folgejahren prägen unser heutiges Verständnis. Wegweisend war dabei die Auffassung, dass das Selbst eine eigenständige, von der bis dahin gültigen analytischen Entwicklungstheorie nicht erfasste Entwicklung nimmt. Damit wurden ganz neue Perspektiven für die Behandlung narzisstischer Störungen entwickelt. Heinz Kohuts *Heilung des Selbst*[3] ist dafür ein bedeutsamer Markstein (▶ 3. Vorlesung und ▶ 5. Vorlesung).

Die Anzahl der Patienten mit narzisstischen Störungen in der psychotherapeutischen Praxis und Klinik steigt seit Jahren an. Das differenzierte psychoanalytische Verständnis für die Entwicklung des Selbst und für narzisstische Beziehungen und Übertragungen machen die Arbeit mit diesen Patienten heute zur speziellen Domäne der analytischen Psychotherapie.

---

1 Freud S (1914), S. 138–170
2 Allerdings verstand Freud unter narzisstischen Störungen bzw. narzisstischen Neurosen vor allem schwere Persönlichkeitsstörungen sowie Psychosen.
3 Kohut H (1977)

Der Mythos von Narziss

Im Zentrum dieser klinischen Vorlesung steht die narzisstische Psychopathologie in ihren verschiedenen Erscheinungsformen, ihre Ursachen, ihre Folgen und ihre Behandlung. Aber man kann das Thema nicht würdigen ohne die vielfältige Rezeptionsgeschichte des Mythos des Narziss zu betrachten, in welcher der Wandel der Einstellung zum Narzissmus Niederschlag gefunden hat. Diese werde ich in groben Zügen nachzeichnen. Das Ergebnis wird sein, dass es sich beim Narzissmus nicht um ein spezielles Thema der Psychologie oder gar der Psychoanalyse handelt, sondern um ein Thema der Menschheit. In ihm sind Fragen und Probleme aufgehoben, die um die Existenz des Menschen, die Beziehung zwischen dem Selbst und anderen kreisen und von Selbsterkenntnis und Identität handeln, Themen, die jeden betreffen und die die Menschheit von jeher beschäftigt haben. Wir werden sehen, dass der Mythos des Narziss eine variantenreiche Tradition in unserer Kultur durchlaufen hatte, bevor er als Metapher für eine spezifische Psychopathologie in die psychoanalytische Theorie und therapeutische Praxis Eingang fand.

Der Mythos von Narziss gehört zum alten Kulturgut der griechisch-römischen Welt. Der Name Narkissos (griechisch) oder Narcissus (lateinisch) verweist auf das Wort narcosis, zu Deutsch: Betäubung. So handelt der Mythos von der Betäubung, die entsteht, wenn man sich in sich selbst verliert. Er war in verschiedenen Versionen lange bekannt, bevor der römische Dichter Ovid (43 v.–17 n.Chr.) ihn um die Zeitwende in das III. Buch seines großen Epos' *Metamorphosen* aufnahm. Auf diesen Text beziehen sich die meisten der späteren Versionen und Verarbeitungen und auch Sigmund Freud in seiner Abhandlung *Zur Einführung des Narzißmus* von 1914[4].

Als historische Person ist Narziss nicht nachweisbar. Die Überlieferung siedelt ihn in der Landschaft Böotien in Mittelgriechenland an. Nach Ovid war er der Sohn der Quellnymphe Liriope (oder Leiriope) und des nie alternden Flussgottes Cephisos, ihrem Vater. Narziss war also aus einem Inzest entstanden – und zwar bei einer Vergewaltigung gezeugt. Er war

---

4 Freud S (1914)

unter der Vorhersage des blinden Sehers Teiresias geboren, der seiner Mutter voraussagte, er würde alt werden, solange er den Blick nicht auf sich selbst richten und sich nicht erkennen würde. Erschrocken über diese Prophezeiung und aus Angst vor dem Orakel hielt Liriope den Jüngling fest und überschüttete ihn mit ihrer Liebe. So konnte er sich von ihr nicht lösen, wurde von allen geliebt und umworben, konnte Liebe aber nicht erwidern und wies sie alle zurück. Auch die Bergnymphe Echo, die durch einen Fluch der Göttin Hera stumm geworden war und nur die letzten Worte von dem, was sie gerade gehört hatte, wiederholen konnte, wurde von ihm nicht erhört (▶ Abb. 1.1). Aber Echo war in Liebe zu ihm entbrannt und folgte ihm, bis er sie zurückstieß. Darauf zog sie in die Wälder, grämte sich und zerbrach schließlich an der unerfüllten Liebe. Seinem Verehrer Ameinios erging es ebenso. Ihm gab Narziss ein Schwert, mit dem dieser sich tötete, nachdem er die Götter angerufen hatte, ihn zu rächen: »Mag er selbst lieben, so soll er das, was er liebt, nicht erlangen«.[5] Nemesis, die Göttin des gerechten Zorns, erhörte Ameinios und strafte Narziss mit unstillbarer Selbstliebe.

Als Narziss sich in die Idylle zurückzog, wo die Wasser entspringen, entdeckte er im Spiegel einer Quelle sein Ebenbild und verliebte sich darin, ohne allerdings zu bemerken, dass das, was er sah, ein Spiegel seines Selbst war. In bewegenden Worten und Szenen schildert Ovid dann die unsterbliche Liebe des schönen Knaben, die sein Spiegelbild in ihm entfachte – ein Kampf der Vergeblichkeit und ein Ringen um Liebe. Es fand schließlich Erlösung in der Erkenntnis, dass er der Selbstliebe verfallen war, und er starb: »Iste ego sum – ich bin es selbst«. So erfüllte sich die Weissagung des Teiresias.

> »Dieser da bin ich! Ich habe verstanden; und mich täuscht mein Abbild nicht: Ich werde verzehrt von der Liebe zu mir, und die Flammen errege und erleide ich. Was soll ich tun? Soll ich mich bitten lassen, oder soll ich bitten? Was werde ich bitten?
> Was ich begehre, ist bei mir: der Überfluss hat mich arm gemacht.
> Oh, wenn ich mich doch von meinem Körper trennen könnte!
> Ein ungewöhnlicher Wunsch in einem Liebenden: ich wollte, dass fern wäre, was ich liebe!
> Und schon nimmt der Schmerz mir die Kräfte, und keine lange Zeit

---

5 andere Übersetzung: »Möge er selbst so lieben und nie das Geliebte besitzen!«

meines Lebens bleibt noch, und im noch jungen Alter gehe ich zugrunde. Und der Tod ist für mich nicht schwer zu ertragen, da ich im Tod meine Schmerzen ablegen werde.«⁶

Abb. 1.1: Echo und Narziss von John William Waterhouse (1903), Walker Art Gallery, Liverpool.

Als die Dryaden, die Nymphen der Bäume, seinen Leib verbrennen wollten, fanden sie ihn nicht. Stattdessen fanden sie die safrangelbe Blume, die Blume der Unfruchtbarkeit, die seither den Namen Narzisse trägt⁷.

---

6 Ovid, Vers 460 ff
7 Der griechisch-lateinische Mythos vom Jüngling Naziss ist nach Kluge erst angelehnt an die Blume entstanden und nicht umgekehrt (vgl. Kluge 21/1975, S. 203). Übrigens stammt die Narzisse ursprünglich aus Persien. Sie heißt dort »nargis«. Der persische Name gelangte ins Griechische und wurde wegen des betäubenden Duftes der Blüte zu »narkan« (griechisch für »starr werden, gelähmt werden«). Er ist heute noch in unserem Begriff »Narkose« enthalten. Bei Homer hieß es dann »narkissos«, bei Vergil im Lateinischen »narcissus«.

Interpretationen

Wenn wir heute von Narziss und dem Narzissmus sprechen, denken wir zumeist an das Spiegelmotiv als Metapher für autoerotische Selbstverliebtheit und eine Selbstliebe, die den Anderen negiert, herabsetzt, verachtet. Diese Sichtweise ist seit Jahrhunderten üblich und vor allem durch die Rezeption im 19. Jahrhundert geprägt. Aber bei Ovid kommt eine pathologische Selbstliebe gar nicht vor. Ovid beschreibt vielmehr einen Irrtum, dem Narziss in seiner Sehnsucht nach einem Liebesobjekt verfällt.

Das eigentliche Anliegen von Ovid war ein ganz anderes. Er reiht Narziss in seinen *Metamorphosen* ein in eine Reihe mit Pyramus und Thisbe, Apollo und Daphne, Daedalus und Icarus sowie Philemon und Baucis als Beispiele dafür, dass man sich seinem unabwendbaren Schicksal nicht entziehen und widersetzen kann. Bei Narziss ist das Schicksal durch den Spruch des Sehers vorgegeben: Nur wenn er sich selbst nicht gesehen haben wird, könne er das hohe Alter erreichen.

Insofern ist der Mythos von Narziss in der Version von Ovid vor allem eine Betrachtung über die Macht des Schicksals über den Menschen und nicht eine Metapher für bestimmte menschliche Eigenheiten, wie die Psychoanalyse es später verstand. Hier zeigt sich ein bedeutender Unterschied zu unserer heutigen Auffassung.

Im Übrigen ist die Gleichsetzung Narziss gleich (verwerfliche) Selbstliebe vereinfachend. Sie ist in dieser Form auch in keiner Version des Mythos enthalten und wahrscheinlich erst durch die Überlagerung mit christlichen Werten im Mittelalter entstanden. Es geht hier nicht um Selbstliebe, sondern um die Projektion von Selbstaspekten auf den vermeintlichen Anderen, um eine Beziehungsform, die wir heute als Beziehung nach dem Typus der narzisstischen Objektwahl bezeichnen. In ihr zeigt sich die Sehnsucht nach einer Beziehung mit größtmöglicher Übereinstimmung mit dem Subjekt.

Die Verkürzung Narzissmus gleich Selbstliebe lässt auch die Vielfalt von Motiven und Anspielungen außer Acht, die dem Mythos eine tiefere Bedeutung geben. In dieser Vielfalt liegt die Quelle für die Fülle von Bearbeitungen und unterschiedlichen Rezeptionen, die Literatur und Philosophie, gestaltende Kunst und schließlich die Psychologie im Verlauf der Jahrhunderte hervorgebracht haben.[8]

Zum Beispiel die Symbolik des Wassers. Im Fluss gezeugt, stehen die Selbstspiegelung des Narziss im Wasser der Quelle und sein Tod in Beziehung zum Element seiner Zeugung, dem Wasser, und damit zu seinen Eltern, der Quellnymphe und dem Flussgott. Man kann sagen, er kehrt mit dem Tod zu den Eltern zurück als Ausdruck für die Unfruchtbarkeit seiner Selbstliebe und eines Lebens, das keine Spuren hinterlässt. Auch die Tatsache, dass die Zeugung auf einem Inzest und einer Überwältigung beruht – Cephisos fesselt seine Tochter, um sie zu schwängern – bedarf der Betrachtung. Man kann sich fragen, ob der Spruch des Sehers, wonach Narziss sich nicht erkennen darf, das Geheimnis seiner Zeugung verhüllen soll.

Bedeutsam sind die Beziehungen zu den Zurückgewiesenen. In der Zurückweisung des Ameinios und der Übergabe des Schwertes an ihn kann man ein Ringen mit homoerotischen Tendenzen vermuten, wobei das Thema Narzissmus und Homosexualität uns später ausführlicher beschäftigen wird. Auch die tiefere Bedeutung der Beziehung Echo – Narziss bedürfte näherer Betrachtung: Dabei erscheint Echo als der zerbrochene Spiegel, der Begierden weckt, aber keinen Halt gibt, um sie zu befriedigen und verarbeiten. Darauf werden wir später zurückkommen, wenn wir auf die Soziogenese und intersubjektive Entstehung des pathologischen Narzissmus sprechen.

Der kanadische Philosoph Marshall McLuhan[9] sieht in diesem Versagen des Spiegels die Ursache dafür, dass Narziss in die Selbstliebe entgleitet: Indem sein Selbst im Spiegel des Wassers aufgeht, gerät er in einen Zustand der Narkotisierung, in dem Echo ihn nicht mehr erreichen kann. Hier nimmt McLuhan Bezug auf die Wurzel des Namens Narziss als Betäubung. Die Erweiterung des Selbst bewirkt Taubheit. Danach wurde Narziss nicht Opfer seiner Selbstverliebtheit, sondern des Entgleitens in diesen narkotisierten, dissoziativen Zustand. In diesem Zustand hält er sein Spiegelbild für den Anderen. Deshalb ist er taub für das Werben der Echo, und sie kann ihn nicht erreichen.

---

8 Renger A (Hg) (1999), Orlowski U & Orlowski R (1992)
9 zit. nach Renger A (1999), S. 214

Und so verstehe ich auch, dass die Narzisse als »Blume der Unfruchtbarkeit« gilt. Sie symbolisiert das Unglück des Narziss, das darin liegt, Echo als die Andere verpasst zu haben.

Narziss im Spiegel der Kultur

Der Mythos vom schönen Jüngling Narziss, der sich in Selbstliebe verzehrt und schließlich daran zugrunde geht, ist in verschiedenen Versionen überliefert. Bei Ovid wird Narziss in gleicher Weise von Frauen und Männern begehrt. Die Verschränkung mit der Echo-Erzählung ist eine starke Überarbeitung der damals gängigen Version. Dadurch wird die Thematik der Homoerotik deutlich abgeschwächt. Diese wird in der etwas früher entstandenen Version des griechischen Mythenerzählers Konon (etwa gleichzeitig mit Ovid um die Zeitenwende) viel deutlicher.

In dieser Version hat Narziss ausschließlich männliche Bewerber, unter ihnen den Gott der homosexuellen Liebe Eros. Er weist sie alle zurück. Einer von ihnen, Amneisos, tötet sich aus verschmähter Liebe, worauf Eros (oder Nemsis) Narziss mit unerfüllbarer Selbstliebe straft. Am Ende bringt er sich um. Bedenkt man, dass sein Spiegelbild ihm mit dem eigenen ein männliches Antlitz zurückwirft, dann wird in dieser Version die Homoerotik als Autoerotik zum Schicksal des Narziss. Im Kontext der griechischen Mythologie verweist die Ablehnung der homosexuellen Annäherungen auf die Verweigerung des Erwachsenwerdens, wobei – nach klassischer griechischer Auffassung – die homosexuelle Beziehung als unverzichtbare Erfahrung galt.

Eine andere Version stammt von Pausanias (110–180 n. Chr.), einem griechischen Philosophen und Literaten, der die Selbstliebe des Jünglings Narziss noch stärker betonte. Danach verweilte er an einem See und erfreute sich seines im Wasser gespiegelten Antlizes. Als durch göttliche Fügung ein Blatt herabfiel und das Spiegelbild trübte, starb Narziss durch die Erkenntnis seiner vermeintlichen Hässlichkeit[10]. Diese Version des Mythos enthält ein bedeutsames zusätzliches Motiv. Pausanius berichtet nämlich, dass Narziss seine Zwillingsschwester unter traumatischen Umständen verlor. Sie hatte ihm vollständig geglichen. Indem er sich in sein Spiegelbild verliebte, verleugnete er ihren Tod und schuf damit eine narzisstische Beziehungsform, mit der er dem Trauma begegnete.

Die weitere Verarbeitung und Rezeption des Mythos bezieht sich zumeist auf die Überlieferung durch Ovid. Dabei zeigt sich eine schier unermessliche Vielfalt von Interpretationen, in denen sich der Wandel des vorherrschenden Zeitgeistes niederschlägt.

Die Antike stand zunächst ganz im Zeichen der Faszination an der Schönheit des Jünglings. Das gilt vor allem für die bildende Kunst. Darstellungen des Narziss zierten unzählige Schmuckstücke und die Architektur. Bei Ausgrabungen in Pompeji, das 79 n. Chr. durch einen Vulkanausbruch untergegangen war, fand man 50 Häuser, die mit Bildern und Mosaiken aus dem Narziss-Mythos ausgestattet waren: Narziss auf der Jagd, am Wasser usw. Dabei stand nicht die Tragik seines Schicksals im Vordergrund, sondern Narziss symbolisierte hier den Lebens- und Liebesfluss zwischen Sterben und Tod (▶ Abb. 1.2). In dieser Funktion findet man ihn auch als Doppelbild auf römischen Sakrophagen.[11]

Nach dem Untergang des römischen Reiches und der Völkerwanderung begann erst im Mittelalter wieder eine intensivere Beschäftigung mit dem Mythos. Mit der Christianisierung und dem christlichen Philosophen Augustinus von Hippo (354–430 n. Chr.) kam es dabei zu einer Umbewertung. Hatten Stolz und Selbstliebe in der expansiven römischen Eroberungs-Kultur als positive Eigenschaften gegolten, so rückte unter dem Einfluss der christlichen Morallehre die Selbstliebe als mehr oder weniger schuldhafte und selbstschädigende Eigenschaft in den Blickpunkt. Selbstliebe wurde aus christlicher Sicht zur Ursünde, die gegen die göttliche Ordnung verstößt. Aus dieser Sicht erschien Narziss als Opfer seiner Verblendung und als Mahnmal gegen die Versuchungen, sich den Gefahren des Irdischen hinzugeben.

---

10 Nach meiner Auffassung war es eher die Wahrnehmung seiner Vergänglichkeit, an der er zerbrach.
11 Schöne Beispiele findet man bei Orlowsky U & Orlowsky R (1992), S. 79–82

1. Vorlesung Narzissmus als Thema unserer Kultur

Abb. 1.2: Narziss auf der Jagd. Fresco aus einem Haus in Pompeji.

Einen Markstein in der moderneren Rezeption des Narziss finden wir bei dem englischen Staatsmann und Philosophen Francis Bacon (1561–1626), der den Narziss-Mythos unter dem Aspekt der Eigenliebe behandelt. Danach ist ein Mensch mit übersteigerter Eigenliebe sozial nutzlos, indem er sich aus dem gesellschaftlichen Leben zurückzieht und in Selbstbewunderung erstarrt. Eine solche Persönlichkeit bringt keine Frucht hervor, d. h. sie pflanzt sich nicht fort und hinterlässt nichts Bleibendes. Das ist eine Anspielung auf die schon erwähnte ursprüngliche Bedeutung des Blumennamens Narzisse als Blume der Unfruchtbarkeit.

Diese Sorge durchzieht übrigens auch die berühmten Sonette von William Shakespeare (1564–1616), der ein Zeitgenosse von Bacon war. In seinem *III. Sonett* heißt es mit der Wendung »*Look in thy glass and tell the face thou viewest...*«:

> Blick' in den Spiegel, mahne dein Gesicht:
> Ein Abbild ihm zu geben, kam die Zeit,
> Sonst machst du aller Hoffnungen zunicht,
> Zerstörst den Traum von Mutterseligkeit.
> Wo ist die Jungfrau, deren spröder Schoß
> In Keuschheit deinem Wunsche widerstrebt,
> Und wo der Tor, der gerne kinderlos
> In sich das Grab der Eigenliebe gräbt?
> Der Mutter Spiegel bist du, der das Glück
> Des eignen Mais in deinem sich erneut,
> So durch des Alters Fenster sieht dein Blick
> Einst eines Kindes goldne Frühlingszeit.
> Doch lebst du fort, lässt keine Spuren hier,
> Stirbst einsam du, dein Bildnis stirbt mit dir.

Die Moderne gibt am Ende des 18. Jahrhunderts dem Thema der hoffnungslosen Liebe und dem Problem der Selbstspiegelung breiteren Raum in der Literatur, der Philosophie und schließlich in der Psychologie und Psychoanalyse. In dieser Epoche blüht die Beschäftigung mit dem Subjekt. Die Suche nach dem Selbst erhielt eine hervorragende Bedeutung. Der Künstler und Literat der Romantik wendet sich von den zunehmend unwirtlichen Industrialisierungsprozessen seiner Gegenwart ab und sucht Erfüllung in der Beschäftigung mit seiner inneren Welt.

Narziss wird nun zum Inbegriff des tragischen Künstlers der Romantik, der sich in der Selbstbespiegelung ergeht. Mit diesem Bild ist Unfruchtbarkeit im Schaffensprozess verknüpft: Der tragische Künstler verharrt in der fruchtlosen Selbstbetrachtung vor dem Spiegel seiner Seele.

Diese fruchtlose Selbstbespiegelung bekommt bei Oscar Wilde (1854–1900), dem irischen Schriftsteller, einen weiteren Akzent. Er hat Narziss in seinem berühmten Roman *Dorian Gray* von 1890 ein Denkmal gesetzt. Hier rücken die Selbstbetrachtung und das Thema der Vergänglichkeit in den Vordergrund (▸ Abb. 1.3).

Als Dorian sich im gemalten Bild betrachtet, ergreift ihn die Angst vor der Vergänglichkeit seiner Schönheit und seiner Person. Diese wird durch den Neid auf sein gemaltes Abbild noch gesteigert. Schließlich äußert er den Wunsch, seine Vergänglichkeit gegen die Unvergänglichkeit seines Abbildes zu tauschen – und so geschieht es dann auch. Sein Äußeres bleibt von nun an unverändert jugendlich und schön. Durch den Einfluss seines

Abb. 1.3: Das Bildnis des Dorian Gray – Titelbild der Ausgabe um 1910 (Kupferstich von Eugene Dété, 1848–1922, nach einer Zeichnung von Paul Thiriat)

Freundes gerät er nun aber in einen Lebenswandel, der sein Inneres mit Abscheulichkeit erfüllt. Sein eigenes altersloses Antlitz verdeckt diese Hässlichkeit, die nun aber in seinem gemalten Abbild in Erscheinung tritt und dieses verändert. Dorian verbirgt es in seinem alten Kinderzimmer. Doch seine Lebensweise zerrüttet weiter seine Seele, bis er sich entschließt, sein Leben zu ändern und das Bild zu zerstören. Aber das misslingt. Stattdessen findet eine neue Verwandlung statt: Als er mit dem Messer auf das Bild einsticht, beschädigt er sich selbst. Sein Leichnam nimmt nun die

Züge des verlebten hässlichen alten Mannes an, während das Konterfei wieder in alter Schönheit erstrahlt.

In dieser Version zeigt der Mythos, verglichen mit der ursprünglichen Version bei Ovid, eine Metamorphose von einer schicksalhaften Erfüllung einer göttlichen Botschaft zu einer selbstzerstörerischen Pathologie der Unfruchtbarkeit. Diese wird für die psychologische Betrachtung des Narzissmus wegweisend: Narzissmus als mehr oder weniger destruktive Grundeigenschaft.

2. Vorlesung
Von der Autoerotik zur Objektbeziehung

Wie der Narzissmus in die Psychoanalyse kam

Wir haben gesehen, welch unterschiedliche Rezeption der Mythos von Narziss in unserer Kulturgeschichte erfahren hat. Die verschiedenen Varianten[12] repräsentieren den Wandel

- vom Narziss als einer tragischen Figur, die sich in seiner Sehnsucht nach Liebe durch eine Selbsttäuschung in der Selbstliebe verliert,
- über die mit Stolz verbundene erotische Einstellung zur Selbstliebe in der Antike
- und die Eigenliebe als Ursünde im christlichen Mittelalter
- bis hin zu einer Perversion der Selbstbezogenheit in der Neuzeit.

Der erste, der die Selbstverliebtheit als psychopathologisches Phänomen untersuchte, war wahrscheinlich der französische Psychologe und Mediziner Alfred Binet (1857–1911). Er brachte sie als Perversion mit dem Mythos des Narziss in Verbindung. Er kommentierte einen Fall von Schürzen-Fetischismus, den er als egoistisches Vergnügen betrachtete, das letztlich die eigene Person zum Gegenstand habe, mit den Worten: »Die Fabel des schönen Narziss ist ein poetisches Bild solch trister Perversion«[13].

Selbstverliebtheit als Autoerotismus wurde auch von Havelock Ellis (1859–1939), einem britischen Sexualforscher, in seinen *Studies in the*

---

12 Orloswski U & Orlowski U (1992)
13 Schlagmann K (2008), S. 464

Psychology of Sex[14] zum Thema gemacht. Er betrachtete den Autoerotismus als eine sexuelle Erregung »ohne irgend welche Anregung seitens einer anderen Person« und führte sie darauf zurück, dass sexuelle, auf andere gerichtete Gefühle »in der Selbstbewunderung absorbiert werden«. Er sieht darin eine »Narziss-artige Tendenz«, die er vor allem bei Frauen zu erkennen glaubt. Sie sei durch den Spiegel symbolisiert.

Ellis entwickelte seine Ideen im Kontakt mit dem deutschen Psychiater Paul Näcke (1851–1913), der damals Direktor der Psychiatrischen Anstalt Hubertusburg bei Leipzig war. Er prägte den Begriff des Narzissmus für die Psychiatrie. Allerdings sah er darin eine sehr spezifische und seltene Störung und schrieb: »Nur dort, wo das Betrachten des eigenen Ichs oder seiner Teile von deutlichen Zeichen des Orgasmus begleitet ist, kann mit Fug und Recht von Narcismus gesprochen werden«[15]. Als Näcke den Begriff Narzissmus in die Psychiatrie einführte, bezog er sich auf Schwerstkranke, die in der Anstalt behandelt wurden.

In der Psychoanalyse tauchte der Begriff Narzissmus wahrscheinlich zuerst im Jahre 1909 auf. In einer Betrachtung über die Entstehung der Homosexualität konstatierte der aus Galizien stammende Wiener Analytiker Isedor Sadger (1867–1942) eine enge Verknüpfung zwischen Homosexualität und Narzissmus. Nach seinen Beobachtungen tritt in der homosexuellen Entwicklung neben der Mutterliebe die eigene Person ganz in den Vordergrund. Er folgerte: »Der Weg zur Homosexualität führt nämlich stets über den Narzissmus, d. h. der Liebe zum eigenen Ich«[16]. Dabei sei der Narzissmus nicht ein vereinzeltes Phänomen, »sondern eine notwendige Entwicklungsstufe beim Übergang vom Autoerotismus zur späteren Objektliebe«. Das Verhängnis der Homosexuellen bestünde darin, dass sie nicht von sich selbst loskämen.

Sadger verschaffte der Idee eines Narzissmus Eingang in die Psychoanalyse. Damit hat er Sigmund Freud inspiriert. In seiner Mittwochgesellschaft äußerte Freud sich 1909 anerkennend. Allerdings scheinen ihm weniger Sadgers Ideen zur Genese der Homosexualität wichtig gewesen zu sein als die Anerkennung des Narzissmus als normale Übergangsphase auf

---

14 Ellis H (1898)
15 Näcke P (1899), S. 375
16 Sadger I (1910)

dem Wege zur Objektliebe. Letztlich, so Freud, komme es darauf an, sich von beiden frühen Sexualobjekten – der Mutter und dem Ich – zu lösen, und die eigene Person durch den Vater zu ersetzen.[17]

Im Vorfeld von Freuds wegweisender Abhandlung *Zur Einführung des Narzißmus* steht eine Publikation, die dem Konzept des Narzissmus endgültig zum Durchbruch in der Psychoanalyse verhalf. Es handelt sich um Otto Ranks *Beitrag zum Narzissmus*[18]. Rank (1884–1939), Wiener Psychoanalytiker und Emigrant in die USA, engster Mitarbeiter von Freud, betrachtete den Narzissmus als »eigenartige Libidoeinstellung«. Er nahm damit bereits Freuds libidotheoretische Konzeption vorweg. Dabei bezog er sich vorrangig auf den homoerotischen Aspekt des Narziss-Mythos.

Auch Freud benutzte den Begriff erstmals im Zusammenhang mit der homosexuellen Entwicklung in einer Fußnote von 1910 zu den *Drei Abhandlungen zur Sexualtheorie*[19] und in seiner Schrift über *Leonardo da Vinci*. Dort schrieb er: »Der Knabe ... liebt Knaben, ... die er so liebt, wie die Mutter ihn als Kind geliebt hat. Wir sagen, er findet seine Liebesobjekte auf dem Wege des Narzissmus«[20]. Hier deutet sich eine Theorie der narzisstischen Objektwahl an, die er später allerdings nicht weiterentwickelt hat.

An diese Linie knüpfte Freud an, als er 1914 seine Abhandlung *Zur Einführung des Narzißmus*[21] verfasste. In dieser Abhandlung ging es ihm vorrangig darum, seiner Libidotheorie durch die Autorität des antiken Mythos Nachdruck zu verleihen. Das erschien ihm notwendig, nachdem wichtige seiner Anhänger wie Alfred Adler, Carl Gustav Jung und Wilhelm Steckel begannen, die Begrenzung der Psychoanalyse auf die Triebpsychologie in Frage zu stellen. Es war jedoch nicht seine Absicht, den Mythos psychoanalytisch zu analysieren und zu interpretieren.

Er beschrieb die Homosexualität als narzisstischen Beziehungsstil, um die darin enthaltenen libidotheoretischen Implikationen deutlich zu machen. So befasste er sich mit den Schicksalen der Libido bei einer narzisstischen Persönlichkeitsentwicklung. In das Zentrum stellte er die Selbst-

---

17 Nunberg H & Federn E (1977); Protokoll 10.11.1909
18 Rank O (1911)
19 Freud S (1905)
20 Freud S (1910), S. 170
21 Freud S (1914)

liebe und den Autoerotismus, die den liebenden Zugang zu anderen versperren. Sie wirken, befand er, letztlich zerstörerisch und würden krank machen. Wenn wir insoweit die Rezeption des Narzissmus-Mythos durch die Psychiatrie und Psychoanalyse betrachten, fällt eine überraschende Verzerrung und Verkürzung auf. Sie bestand darin, dass Narziss aus dieser Sicht vor allem als selbstverliebter, beziehungsschwacher Jüngling in Erscheinung tritt. Sein Ringen um Beziehung und sein Modus einer spezifischen Objektbeziehung wurde dabei nicht erkannt. Diese verkürzte Sicht hat die Narzissmustheorie der Psychoanalyse lange behindert und dazu geführt, dass man die Besonderheiten einer narzisstischen Objektbeziehung zunächst nicht wahrnahm. So fand man auch keine angemessenen Konzepte, wenn sie zum Problem in der Behandlung wurde.

Sigmund Freud: »Zur Einführung des Narzißmus«

Freud veröffentlichte seine Ideen 1914 in seiner wegweisenden Schrift *Zur Einführung des Narzißmus*, in der er sich mit unterschiedlichen Themen befasste: Von der narzisstischen Einstellung als Perversion über Narzissmus als normale Entwicklungsphase bis hin zum metapsychologischen Konzept der regressiven Libidobesetzung des Ich. Dabei ging er von der Beobachtung aus, dass »narzisstisches Verhalten eine Grenze der Beeinflussbarkeit (durch die Psychoanalyse) herstellt«.

Für dieses Phänomen, das fraglos eine Herausforderung für die Psychoanalyse als von der Libidotheorie geleitete Wissenschaft darstellte, suchte er eine Erklärung. Er fand sie in der Annahme der besonderen Art der Libidoverwendung, von der Otto Rank bereits 1911 gesprochen hatte. Freud nahm an, dass eine Abwendung des Interesses (sprich: der Libido) von der Außenwelt der Grund für die Interessenlosigkeit an anderen (den Objekten) sei. Er beschrieb bei den Betroffenen eine besondere »Unterbringung der Libido«, die diese der Außenwelt entzog und dem Ich zuführte. Diese Ausrichtung der Libido auf das Ich bildet nach dieser Auffassung den Kern des Narzissmus. Freud folgerte: Betroffene Personen würden sich dadurch »der Beeinflussung durch Psychoanalyse entziehen, sie werden für unsere Bemühungen unheilbar«.

Abb. 2.1: Sigmund Freud um die Zeit, in der er seine Narzissmus-Schrift verfasste (Quelle: Archiv der Sigmund Freud Privatstiftung, Wien)

Stand der Theorie um 1910

Um dieses Konzept zu verstehen, muss man sich den Stand der Theoriebildung der Psychoanalyse zwischen 1910 und 1915 vergegenwärtigen. Zu diesem Zeitpunkt hatte Freud drei Eckpunkte seiner Theorie geschaffen:

- die Libidotheorie als Grundlage seines Theoriegebäudes, auf dem seine Persönlichkeitslehre und auch seine Neurosenpsychologie gründete,
- die psychoanalytische Entwicklungspsychologie
- und seine Behandlungstheorie.

Die Meilensteine dieser Entwicklung waren die *Traumdeutung* von 1900, die *Drei Abhandlungen zur Sexualtheorie* von 1905 und seine behandlungstechnischen Schriften, die um 1910 erschienen.[22]

Die *Libidotheorie* steht im Mittelpunkt seiner Metapsychologie. Diese hatte er um 1900 systematisch entwickelt und in der *Traumdeutung*, speziell im berühmten 7. Kapitel, publiziert. Libido ist dabei die psychische Repräsentanz des Triebes. Sie ist eine physikalisch gedachte psychische Größe, die man als das Triebhafte verstehen kann, also weit mehr als der Sexualtrieb. Freud dachte dabei an eine psychische Energie, ähnlich wie die Energie, die Maschinen antreibt.

Tatsächlich hatte Freud die Psyche um 1910 wie eine Maschine konzipiert. Er sprach von einem psychischen Apparat, der seine Energie, die Libido, aus den Trieben bezieht. Dieses Konzept hatte er aus der Neurophysiologie entnommen. Es zeigt deutlich die Spuren seiner Sozialisation als Arzt und Forscher in der positivistisch-naturwissenschaftlichen Helmholtz-Schule, die als wissenschaftlich nur das gelten ließ, was auf quantifizierbare, physikalisch messbare Größen zurückgeführt werden kann.

Diese Libido ist – so Freuds Auffassung – von ihrer Menge her begrenzt. Sie kann an psychische Inhalte und Strukturen gebunden werden; diesen Vorgang nannte er Besetzung. Sie kann fixiert sein, sie kann aber auch wieder gelöst und auf andere (die »Objekte«) verschoben werden. Die

---

22 Freud S (1900, 1905). Vgl. meine ausführliche Darstellung in: Freud und die Psychoanalyse (2008), Kohlhammer, Stuttgart.

Verschieblichkeit der Libido ist das Wesensmerkmal, auf dem Freud sein Narzissmuskonzept aufbaute.

In seiner *Entwicklungspsychologie* hatte Freud zu dieser Zeit, nämlich mit den *Drei Abhandlungen zur Sexualtheorie*, ein triebtheoretisches Modell der Entwicklung formuliert, das auf die Vorstellung der Libidobesetzung Bezug nahm. Er entwickelte die Vorstellung, dass Neurosen dadurch entstehen, dass Energiebindungen aufgrund von Triebkonflikten nicht gelöst werden können und verdrängt werden und dass regressive Prozesse dazu führen, überholte Libidopositionen wieder aufzusuchen. Daraus entstehen auch Übertragungen in der aktuellen Situation.

Seine *Behandlungstheorie* richtete sich dementsprechend konsequenterweise auf die Fixierungsstellen der Libido im Entwicklungsprozess, d. h. auf die verdrängten Phantasien und Erfahrungen, die mit diesen Fixierungen verknüpft sind und die Verdrängung begründen.

Dabei betrachtete er die Analyse der Übertragung als den maßgeblichen Heilungsmechanismus der Behandlung. Verdrängte Konflikte werden im Verlauf der Analyse auf die Beziehung zum Analytiker projiziert und können als Übertragung bewusst gemacht und bearbeitet werden. Dadurch werden Libidofixierungen gelöst. Die Übertragung ist für Freud daher die conditio sine qua non des Analyseerfolges.

Durch die Entstehung der Übertragung wird die klinische Neurose, die den Behandlungsanlass abgegeben hat, in eine Übertragungsneurose umgewandelt. »Alle Symptome haben ihre ursprüngliche Bedeutung aufgegeben und sich auf einen neuen Sinn eingerichtet, der in einer Beziehung zur Übertragung steht«, schrieb er. »Die Bewältigung dieser neuen künstlichen Neurose fällt aber zusammen mit der Erledigung der in die Kur mitgebrachten Krankheit, mit der Lösung unserer therapeutischen Aufgabe.«[23] Die erfolgreiche Bearbeitung der Übertragungsneurose führt daher, so Freud, zu einer Veränderung der Libidobesetzungen und damit zu einer anhaltenden Umstrukturierung.

---

23 Freud S (1916/17), S. 462

Freuds Narzissmuskonzept

Vor diesem Hintergrund ist nun Freuds Narzissmuskonzept zu verstehen. In seiner Abhandlung beschäftigte er sich, wie eingangs gesagt, mit mehreren Themen, wobei ich mich auf die wichtigsten beschränke:

- Auf den Narzissmus als Ausdruck einer Psychopathologie, was konkret bedeutet, einer spezifischen Libidobesetzung,
- auf den Narzissmus als Entwicklungsphase
- und auf den narzisstischen Typ der Objektwahl.

Narzissmus als Psychopathologie

Bei der Beschreibung des Narzissmus als Pathologie ging Freud von der Erfahrung aus, die er in der 27. *Vorlesung zur Einführung in die Psychoanalyse*[24] erläuterte. Dort unterschied er zwischen analysierbaren und nicht analysierbaren Neurosen.

- Bei den *analysierbaren Neurosen* entwickelten die Patienten in der Analyse regelmäßig zusammenhängende Systeme von Übertragungsreaktionen, während sie im Alltag weiter funktionierten. Wegen der Übertragungsneigung nannte Freud diese Störungen *Übertragungsneurosen*[25]. Dazu zählte er damals die Phobie (Angsthysterie), die Konversionsstörungen (Konversionshysterie) und die Zwangsneurosen. Die Übertragungsneigung bzw. -fähigkeit galt ihm als das entscheidende Merkmal der Behandelbarkeit. Das war zu einer Zeit, als die Analyse der Übertragung bereits das methodische Kernstück der Psychoanalyse war, wie ich gerade ausgeführt hatte.
- Bei den *nicht analysierbaren Neurosen* handelt es sich um die von Freud so genannten *narzisstischen Neurosen*. Der Begriff wurde damals anders

---

24 ebd.
25 Der Begriff Übertragungsneurose wird in zweifacher Weise verwendet: (1) für das System von Übertragungsreaktionen und (2) für die Neurosen, die durch die Neigung gekennzeichnet sind, Übertragungen zu entwickeln, in Abgrenzung von den narzisstischen Neurosen.

verstanden als wir ihn heute gebrauchen. Er zählte dazu seinerzeit die Paranoia, Melancholie und Dementia praecox (d. h. die Schizophrenie), also Störungen, die wir heute den Psychosen zuordnen. Bei diesen Störungen fehlt nach seiner Auffassung die Fähigkeit zur Übertragung. Die Reaktualisierung des pathogenen Konfliktes in der Übertragung bleibt aus. Der Kern der Neurose kann daher nach dieser Auffassung nicht analytisch bearbeitet werden.

Narzissmus als Entwicklungsstufe

Freuds *Einführung des Narzissmus* enthält auch eine Entwicklungsgeschichte des normalen Narzissmus. Diese verläuft von einem autoerotischen zu einem objektbezogenen Muster.

- *Primärer Narzissmus:* Freud nahm einen ursprünglichen Zustand der Entwicklung an, in dem die Libido noch ganz auf die eigene Person bezogen ist – z. B. als Lust des Säuglings an der Wärme der eigenen Windel. Dafür verwendete er die Bezeichnung *Autoerotismus*. Dieser Zustand repräsentiert den primären Narzissmus und ist ein normales Phänomen in der psychischen Entwicklung.
  In diesem Zustand wird nicht zwischen Selbst und Objekt unterschieden. Er ist durch das »ozeanische Gefühl« der Entgrenzung gekennzeichnet, das durch die Phantasie der Einheit mit der Mutter genährt wird. Wenn dieser Zustand fixiert wird und erhalten bleibt, erhält er den Charakter einer Perversion oder gelangt als Größenwahn zum Ausdruck, z. B. in der Schizophrenie.
  In der weiteren normalen Entwicklung wird ein Teil der narzisstischen Libido an die frühen Liebesobjekte gebunden. Auf diese Weise wird ein Teil in Objektlibido (Liebe zu anderen) transformiert.
- *Sekundärer Narzissmus:* Durch komplexe (bei Freud nicht näher erläuterte) Umstände kommt es aber – zum Beispiel bei der Schizophrenie – zur Abwendung des Interesses (der Objektlibido) von der Außenwelt (den Objekten) und zum Rückzug vom Objekt. Freud verwendete dafür das Bild eines Protoplasmatierchens, das je nach Bedarf Scheinfüßchen aussenden und wieder einziehen kann. Der Rückzug der Libido be-

gründet die Unzugänglichkeit in der psychoanalytischen Kur. Die Libido wird nun wieder ganz auf die eigene Person gerichtet. Damit erscheint der Kontakt zum Objekt, d.h. zu den anderen, reduziert. Deshalb misslingt auch die Übertragung, die ja eine libidinöse Besetzung des Behandlers voraussetzen würde. Diesen Zustand bezeichnet Freud als sekundären Narzissmus.

Der theoretische Angelpunkt in Freuds Narzissmuskonzept ist also die Verschiebung der Libido. Dazu Freud:

> »Es lag die Vermutung nahe, dass eine als Narzissmus zu bezeichnende Unterbringung der Libido eine Stelle in der regulären Sexualentwicklung des Menschen beanspruchen kann. ... Der Narzissmus ist also keine Perversion, sondern die libidinöse Ergänzung zum Egoismus des Selbsterhaltungstriebes, von dem jedem Lebewesen mit Recht ein Stück zugeschrieben wird.«[26]

Damit bestätigte er, dass Narzissmus nicht genuin krankhaft ist, sondern ein natürliches Übergangsstadium auf dem Weg von der Selbst- zur Objektliebe.

Objektwahl

In der Konsequenz beschreibt er zwei Grundformen der Objektwahl.

- *Die Objektwahl nach dem Anlehnungstyp* orientiert sich an den ersten Sexualobjekten, d.h. an den Pflegepersonen. In ihnen vereinen sich zunächst die Befriedigung der Ich- und Sexualtriebe (Selbsterhaltungstriebe), aber die libidinöse Besetzung macht sie später zu den ersten Sexualobjekten. Ein Teil der Libido verbleibt dann im Subjekt, ein anderer wird an das Objekt gebunden. – Dieser Typus ist charakteristisch für Männer.

> Freud: »Sie zeigt die auffällige Sexualüberschätzung, welche dem ursprünglichen Narzissmus des Kindes entstammt und somit einer Übertragung derselben auf das Sexualobjekt entspricht. Sie gestattet die Entstehung ... des eigentümlichen

---

26 Freud S (1914), S. 138/39 – gekürzt und sprachlich leicht verändert [ME]

Zustandes der Verliebtheit, der sich so auf die Verarmung des Ichs an Libido zu Gunsten des Objektes zurückführt.«[27]

Mit anderen Worten, wer sich wirklich verliebt, vergisst seine Selbstinteressen.

- *Die Objektwahl nach dem narzisstischen Typ* orientiert sich hingegen an der eigenen Person und nicht am Primärobjekt Mutter. Der narzisstische Typus sucht sich selbst als Liebesobjekt, so wie einst die Mutter ihn geliebt hat.

Dieser Typus sei charakteristisch für die homosexuelle Entwicklung und für die Entwicklung der Frauen, bei denen die Entfaltung der sekundären Geschlechtsmerkmale und der weiblichen Schönheit in der Pubertät eine Steigerung des ursprünglichen Narzissmus bewirkten.

Freud: »Solche Frauen lieben streng genommen nur sich selbst mit gleicher Intensität wie der Mann sie liebt. Ihr Bedürfnis geht auch nicht dahin zu lieben, sondern geliebt zu werden, und sie lassen sich den Mann gefallen, welcher diese Bedingung erfüllt. Für diese Frauen gibt es einen Weg zur vollen Objektliebe … über das Kind, das sie gebären. Im Kind tritt ihnen ein Teil des eigenen Körpers wie ein fremdes Objekt gegenüber, dem sie nun vom Narzissmus aus die volle Objektliebe schenken können.«[28]

Neurosenentstehung

Schließlich sagt Freud zur Neurosenentstehung: Beide Erscheinungsformen der Neurosen, die Übertragungsneurosen und die narzisstischen Neurosen entstehen, wenn den Objekten ein gewisses Maß an Libido entzogen wird. Bei den Übertragungsneurosen bleibt die Beziehung zu den Objekten in der Phantasie erhalten, sie werden libidinös besetzt. Bei den narzisstischen Neurosen wird die Libido auf die eigene Person ausgerichtet und tritt als Größenphantasien in Erscheinung.

Wenn es nun zu einem Libidostau kommt und die Erregung nicht abgeführt werden kann, entsteht Krankheit:

---

27 Freud S (1914), S. 155
28 ebd.

- *Angst* und ihre Weiterverarbeitung als Zwang, Konversion oder Phobie bei den Übertragungsneurosen,
- *Sorge* um das Ich in Form von Hypochondrie oder Größenideen bei den narzisstischen Neurosen.

»Ein starker Egoismus«, schreibt Freud, »schützt vor Erkrankung, aber schließlich muss man beginnen zu lieben, um nicht krank zu werden, und muss erkranken, wenn man in Folge von Versagung nicht lieben kann.«

Kommentar

Mit diesem Konzept erfuhr die Psychoanalyse eine grundsätzliche Erweiterung. Es wies über die Triebtheorie hinaus, die bis dahin als Basis für das Verständnis aller Arten der Neurosen gegolten hatte. Es öffnete den Weg zu einem dualen Konzept der neurotischen Pathologie, indem es die Unterscheidung zwischen zwei Formen von neurotischen Störungen auf eine theoretische Basis stellte:

- Die *narzisstische Pathologie* als Folge der Fixierung der Libido an die eigene Person,
- die *neurotische Pathologie* als konfliktbedingte Fixierung der Libido in bestimmten Phasen der Triebentwicklung an Liebesobjekte der Kindheit.

Es bleibt dabei allerdings ein Unbehagen zurück. Es bezieht sich darauf, dass Freuds vorrangiges Anliegen, die libidotheoretische Grundlegung des Narzissmus, ein ganz anderes Problem seiner Theorie offenbar werden ließ: Die Tatsache nämlich, dass der Narzissmus ohne eine Theorie innerer Objektbeziehungen nicht zu verstehen ist, wobei eine solche damals noch nicht zur Verfügung stand und von ihm nicht explizit ausformuliert wurde. Es wird in der *Einführung* nämlich sehr deutlich, dass das Konzept der Libido grundsätzlich eine Beziehung zwischen dem Subjekt (dem Ich bzw. dem Selbst) und den Objekten (den Anderen) voraussetzt, denn Triebe richten sich primär auf Objekte. Freud behandelt das Thema aber so, als handele es sich bei den Besetzungen und Verschiebungen um intrinsische Prozesse, als sei die Libido unabhängig von Objekten.

So erläutert er zum Beispiel nicht die Erfahrung mit Objekten, die zur Fixierung eines primären Narzissmus beitragen oder die beim Rückzug der Libido im sekundären Narzissmus eine Rolle spielen. Nach unserer heutigen Auffassung handelt es sich um Erfahrungen, die ohne Einfluss der Beziehungspersonen in der Kindheit und der lebenslangen Erfahrung mit anderen nicht verstanden werden können.

Das Problem von Freuds Narzissmus-Arbeit ist also die Komplexität dieser Zusammenhänge. Sie verweist deutlich auf das Doppelgesicht der Triebe als Verbindung zwischen Subjekt und Objekt. Doch Freud geht auf diese Komplexität nicht klärend ein. Er hielt konsequent an seiner Libidotheorie fest, ohne die Bedeutung der Objektbeziehungen für die Entwicklung anzuerkennen, als würden die Objekte dabei keine Rolle spielen. Das macht die Lektüre des Textes und das Verständnis der Theorie so schwierig.

Man kann sich fragen, warum Freud diesen Mangel in Kauf nahm, wo er doch dafür bekannt ist, dass er seine Konzepte und Modelle grundlegend veränderte, wenn er ihre Grenzen erkannte. Im Falle der Narzissmustheorie war die Begrenzung aus heutiger Sicht offensichtlich.

Der Grund lag wahrscheinlich darin, dass es ihm mehr um den Beweis der Gültigkeit seiner Libidotheorie als um das Problem des Narzissmus ging. Das wird verständlich, wenn man bedenkt, dass sich seine beiden am meisten geschätzten Schüler, Alfred Adler und Carl Gustav Jung, in den Jahren um 1910 von ihm gerade deshalb abgewandt hatten, weil sie den Allgemeingültigkeitsanspruch der Libidotheorie nicht teilten.

- *Alfred Adler* (1870–1937), ein Wiener Augenarzt, der schon früh an Freuds Mittwochgesellschaft teilgenommen hatte, entwickelte seine eigenen Vorstellungen über psychische Prozesse. Er sah den Menschen weniger von Trieben her bestimmt als von den kulturellen Aufgaben, vor die er gestellt wird. Bedeutsam sind dabei organische Minderwertigkeiten, die kompensiert werden müssen. Mit seiner Lehre begründete er die Individualpsychologie.
- *Carl Gustav Jung* (1875–1961) hatte als Oberarzt im Burghölzli, der Züricher Nervenklinik, Erfahrungen mit der Behandlung von Schizo-

phrenen gesammelt. Als Freuds »Kronprinz« war er der erste Präsident der Internationalen Psychoanalytischen Vereinigung, bevor er sich von Freud trennte. Er bestritt die Gültigkeit von Freuds Theorie für diese Patienten. Er gründete mit seiner Lehre des kollektiven Unbewussten und der Archetypen die Analytische (Komplexe) Psychologie als eigenständige Schule.

Freud selbst überblickte als »Psychosenbehandlung« lediglich die Memoiren des Senatspräsidenten Schreber.[29] Aus einem gewissen Trotz heraus scheint er entschlossen gewesen zu sein, die Allgemeingültigkeit seiner Libidotheorie unter Beweis zu stellen und an ihr auch für die Erklärung neuerer Probleme wie Homosexualität und Schizophrenie festzuhalten. So war die *Einführung des Narzissmus* in gewisser Weise ein Nebenprodukt seiner Auseinandersetzung mit Jung und Adler.

Freuds Ausführungen zum Narzissmus erscheinen sperrig, theoriegeleitet und letztlich wenig überzeugend, weil er die komplexe Entwicklung des Ich[30] nicht mit den frühen Objektbeziehungen in Einklang bringen konnte, deren Bedeutung er sich in der *Einführung* jedoch nicht entziehen konnte. Die Theorie des Narzissmus ruft quasi nach einer Ergänzung durch eine Theorie der Objektbeziehungen.

Heute erscheint diese Lücke geschlossen. Inzwischen wissen wir, dass der Narzissmus in den frühen Beziehungserfahrungen geformt wird. Dass diese Erweiterung der psychoanalytischen Theorie – aus welchen Gründen auch immer – seinerzeit ausblieb, hat bewirkt, dass das Konzept für die Behandlung narzisstischer Störungen erst Jahrzehnte später weiterentwickelt worden ist (▶ 3. Vorlesung).

---

29 Freud S (1911)
30 Die Unterscheidung zwischen Ich und Selbst wurde erst später von Heinz Hartmann (1950) unter dem Einfluss der Ich-Psychologie eingeführt.

Weitere Entwicklungen des Narzissmuskonzepts

Freuds Ideen zum Narzissmus fanden lange nur geringe Resonanz. Lebendig wurde die Diskussion erst mit Michael Balints Kritik an Freuds Konzept eines primären Narzissmus nach 1940.

Das weitere Schicksal des Narzissmuskonzepts in der Psychoanalyse war – wie könnte es anders sein – danach vor allem durch eine Diversifizierung der Erklärungsmodelle gekennzeichnet. In ihnen zeigen sich die Spuren der psychoanalytischen Konzeptgeschichte von der Triebpsychologie über die Ichpsychologie, die Objektbeziehungstheorie und die Selbstpsychologie bis hin zu den modernen relationalen Konzepten des Intersubjektivismus. Diese Entwicklung sei im Folgenden kurz nachgezeichnet, wobei ich nur einige Konzepte herausgreifen kann.[31]

Dabei wird deutlich werden, dass die Psychoanalyse vom ursprünglichen intrinsischen Energiekonzept abrückte und zunehmend Beziehungsfaktoren zum Verständnis (und zur Behandlung) des Narzissmus einbezog. Freuds ursprüngliche Idee eines objektlosen primären Narzissmus rückte dabei in den Hintergrund. Stattdessen setzte sich die Auffassung durch, dass narzisstisches Erleben in spezifische Formen von Objektbeziehungen eingebettet ist. So tritt Heinz Kohut der Annahme entgegen, dass »das Vorhandensein von Objektbeziehungen den Narzissmus ausschließe«[32]; im Gegenteil: einige der intensivsten narzisstischen Erfahrungen beziehen sich auf Objekte!

Narzissmus als Sehnsucht nach dem Paradies: Sándor Ferenczi und Béla Grunberger

Bereits 1913, also vor Freuds wegweisender Veröffentlichung, hat sein ungarischer Schüler Sándor Ferenczi (1873–1933) in einer Arbeit zum

---

31 Eine gute Übersicht findet sich bei Altmeyer (2000) Narzissmus und Objekt sowie bei Röhr HP (1999) Narzissmus.
32 Kohut H (1973) S. 14. (▶ 3. Vorlesung)

*Wirklichkeitssinn*³³ den Beginn der psychischen Entwicklung im intrauterinen Zustand lokalisiert und ein pränatales Selbsterleben postuliert, das dem Erleben eines »parasitären« primären Narzissmus gleichkommt. Damit meinte er ein Bedürfnis nach uneingeschränkter Befriedigung, das später von Michael Balint als primäre Liebe wieder aufgegriffen worden ist. Die gesamte psychische Entwicklung, so Ferenczi, folgt der Tendenz, diesen Zustand zurückzugewinnen³⁴. Ähnlich ist der Ansatz von Otto Rank (1884–1933), der eng mit Ferenczi verbunden war. Er betrachtete die Geburt als Trauma des Verlustes des intrauterinen Paradieses. Dieses Trauma bildet nach seiner Auffassung den Angelpunkt der Entwicklung.³⁵

Viel später hat Béla Grunberger (1903–2005) diese Idee aufgegriffen und die Wiederherstellung des intrauterinen Paradieses zum Kern seiner Narzissmustheorie gemacht.³⁶ Er nahm in der Narzissmusdiskussion einen Standpunkt außerhalb des Spannungsfeldes zwischen innerer und äußerer Welt ein und sah im Narzissmus eine eigenständige psychische Dimension. Sie sei bereits im pränatalen Leben angelegt und dem Trieb ebenbürtig. Im Mutterleib komme es zu einer Verschränkung von Narzissmus und Trieb, von Selbst und Ich, und zu einem Erleben narzisstischer Glückseligkeit und Vollkommenheit, eben dem vorher erwähnten intrauterinen paradiesischen Zustand. Dieser wird im Unbewussten durch den Phallus symbolisiert.

Die Geburt erscheint vor dem Hintergrund dieses intrauterinen Paradieses der Allmacht, Unverwundbarkeit und Zeitlosigkeit als narzisstisches Trauma. Die Linderung dieses Traumas kann nur durch narzisstische Zufuhr von außen gelingen. Dazu sei es erforderlich, dass der Narzissmus sich mit dem Trieb verbindet. Andernfalls wird die Tendenz zur narzisstischen Regression in den vorgeburtlichen paradiesischen Zustand übermächtig, so dass die Realität der Welt und der Objekte nicht anerkannt wird.

Um das Selbst in der Analyse narzisstisch zu stärken, empfiehlt Grunberger eine unerbittliche versagende Spiegelhaltung, wenn man so will

---

33 Ferenczi S (1913)
34 Ferenczi S (1924)
35 Rank O (1924)
36 Grunberger B (1971)

also das Gegenteil paradiesischer Glückseligkeit. Sie stellt den Allmachtsansprüchen der Narzissten eine Realität entgegen, an der er reifen und schließlich zu Objektbeziehungen gelangen kann. Dieses Programm steht bei ihm unter dem Motto: »Wo Narziss war, soll Ödipus werden«[37].

In dieser Sichtweise gehen die Kluft zwischen innen und außen, die Spannungen zwischen Subjekt und Objekt völlig unter, in denen sich aus heutiger Sicht das Selbst entwickelt und aus denen der Narzissmus erwächst. Sie werden zu Gunsten einer Phantasiewelt aufgegeben, in der, wenn man sich mit hinein begibt, die Grandiosität des phallischen Narzissmus spürbar wird.

Der Beitrag der Ichpsychologie: Heinz Hartmann

Ein anderer Strang der Entwicklung klärte zunächst das Konstrukt des Selbst. Dabei war es vor allem Heinz Hartmann (1894–1970), der sich noch in seiner Zeit in Wien und später in der Emigration in den USA mit der Entstehung des Ich beschäftigte. Er erkannte die große Bedeutung von Identifizierungsprozessen und damit die der Objekte für die Ich-Entstehung. Für die komplexen Beziehungsprozesse, die dabei eine Rolle spielen, gab es damals aber noch keine Konzepte, um sie zu verstehen. So führte er die Entstehung des Ich vornehmlich auf eine biologisch begründete Ich-Es-Matrix zurück, aus der sich unter dem Einfluss späterer Erfahrungen das Ich und das Es heraus entwickelten.

Für unseren Zusammenhang wichtig ist Hartmanns Auffassung, dass das Ich als Struktur und das Selbst als Vorstellung von der eigenen Person nicht dem selben System zuzuordnen sind. Daher grenzte er das Selbst vom Ich ab.[38] Während er das Ich mit Freud[39] weiterhin als Zentrum der Erlebnisverarbeitung konzipierte, definierte er das Selbst als Gesamt der Vorstellungen über die eigene Person. Damit eröffnete er den Weg für eine klarere Definition des Narzissmus als Besetzung des Selbst.

---

37 Grunberger B (1974), S. 523
38 Hartmann H (1950)
39 Freud S (1923)

Diese Definition betont einen Zustand, aus dem heraus Erleben und Verhalten, Einstellungen und Beziehungen ein spezifisches Gepräge erhalten: Sie werden immer in Hinblick auf die Aufrechterhaltung der Stabilität des Selbstgefühls gestaltet. Insofern kann man von einem narzisstischen Modus des Erlebens, der Beziehungen usw. sprechen.

Narzissmus in der Objektbeziehungstheorie

Unter Objektbeziehungstheorie versteht man die Forschungsrichtung in der Psychoanalyse, die das Verhältnis des Subjekts zu seinen Objekten und die Bedeutung der Objekte für das Subjekt in das Zentrum ihrer Untersuchung stellt. Zu dieser Richtung gehören vor allem Melanie Klein (1882–1960), die Begründerin dieser Richtung, und ihre Schüler, unter ihnen Wilfred Bion (1897–1979), sowie eine Gruppe von Analytikern, die locker in der sogenannten britischen Schule der Psychoanalyse organisiert waren. Zu ihnen gehören Michael Balint (1896–1970) und Donald Winnicott (1896–1971) sowie die bei uns weniger bekannten englischen Analytiker Ronald Fairbairn (1889–1964) und Harry Guntrip (1900–1975).

Von der klassischen Freud'schen Psychoanalyse unterscheidet sich die Objektbeziehungstheorie, indem sie sich vorrangig mit den internalisieren Objektbeziehungen und ihrem Schicksal befasst und sich weniger auf Triebe und Ichfunktionen konzentriert. Faktisch bedeutet das, sie betrachtet die Repräsentanz des Selbst in Beziehung zu anderen und die Affekte und Impulse, die damit verbunden sind. Dabei legt die Kleinianische Schule besonderes Gewicht auf die Verarbeitung archaischer unbewusster Phantasien mit Hilfe der Beziehungen zu anderen und bezieht auch Freuds Konzept des Todestriebes mit ein.

Dem gegenüber ließ die britische Schule triebpsychologische Aspekte völlig außer Acht und wandte sich ganz vom biologischen Ansatz ab, der Freuds Werk durchzieht – Stichwort: Der Trieb als psychische Repräsentanz einer biologisch begründeten Regung. Sie neigte einer rein psychologischen Theoriebildung zu.

In den 1940er Jahren wandte sich die aufkommende Objektbeziehungstheorie auch dem Narzissmus zu.

Narzissmus als Objektbeziehung: Melanie Klein und ihre Schule

Melanie Klein, die oft um Übereinstimmung mit Freuds Lehre bemüht war, lehnte sein Konzept eines primären Narzissmus ab, d. h. sie war nicht von einer autoerotischen Entwicklungsstufe überzeugt.[40] Durch ihre Kinderanalysen, in denen sie die innere Objektwelt der Kinder erforschte, gelangte sie zu der Auffassung, dass sich das Subjekt stets und ständig in Beziehung zu seinen inneren Objekten erlebt. Bei der autoerotischen Befriedigung zieht das Subjekt sich ebenso wie in narzisstischen Zuständen auf internalisierte Objekte zurück und nicht auf sich selbst.

Nach Kleins Auffassung fallen Autoerotismus und Narzissmus mit den ersten Objektbeziehungen zusammen. Sie nahm an, dass der frühe Narzissmus nicht objektlos ist, wie Freud glaubte, sondern dass der Säugling im narzisstischen Zustand in Beziehung zu seinen frühen, archaischen Objekten steht. Diese Zustände sind durch omnipotente Phantasien gekennzeichnet: Durch Projektion entstehen idealisierte (Teil-)Objekte. Durch Introjektion »nur guter« (Teil-)Objekte wird das Selbst erhöht (Größenselbst). Idealisiertes Selbst und idealisierte Objekte werden durch Verleugnung und Entwertung anderer verteidigt.

Paula Heimann (1899–1982), eine bedeutende Schülerin von Melanie Klein, die sich später von ihr abwandte, hat diesen Ansatz weitergeführt.[41] Sie erklärte, dass in narzisstischen Zuständen die eigene Befindlichkeit in Beziehungsphantasien eingebunden ist, und zwar in der Weise, dass archaische (Teil-)Objekte als Ursache der Befindlichkeit phantasiert werden. Dabei werden den Objekten Motive zugeschrieben, die aus der eigenen Befindlichkeit heraus entstehen. Beispiel: Aus der Erfahrung von oraler Entbehrung kann sich die Phantasie böser Motive entwickeln und durch Projektion das Erleben einer »bösen Brust« hervorrufen.

Im narzisstischen Zustand steht man demnach im Kontakt zu inneren Objekten; es handelt sich also nicht um einen objektlosen Zustand, sondern um einen Zustand, in dem durch Projektions-, Introjektions- und Identifizierungsprozesse narzisstische Objektbeziehungen geschaffen werden, in denen der Andere einen Teil des Selbst repräsentiert, z. B. der Penis

---

40 Klein M (1932)
41 Heimann P (1952)

eines Anderen die eigene Männlichkeit. Solche Beziehungen unterscheiden sich von reifen Objektbeziehungen dadurch, dass die Unabhängigkeit des Objektes (der Brust) noch nicht erkannt und nicht anerkannt wird. Dreh- und Angelpunkt der Lehre von Melanie Klein ist das Konzept der projektiven Identifizierung[42]. Es beschreibt, wie jemand sich von einem unerträglichen psychischen Inhalt, z. B. einer Angstphantasie, befreit, indem er sie anderen zuschiebt und in ihnen verankert, so dass sie äquivalente Angstphantasien entwickeln. Dieser Mechanismus dient der nichtsprachlichen Kommunikation und wird vor allem bei Borderline-Patienten und im Zustand tiefer Regression als Abwehrmechanismus eingesetzt. In diesem Prozess wird die Grenze zwischen Selbst und Objekt aufgelöst, d. h. das Subjekt gerät in einen narzisstischen Zustand, in dem es sich vom Objekt ungetrennt erlebt und die Abhängigkeit von äußeren Objekten verleugnet. Insofern sind Narzissmus und projektive Identifizierung aus Klein'scher Sicht nahezu identisch.

Es sei noch erwähnt, dass im Klein'schen Verständnis des Narzissmus der Neid als Manifestation des Todestriebes eine bedeutende Rolle spielt. Die dahinterstehende komplizierte Theorie kann ich hier nicht ausführen, stattdessen aber auf später verweisen, wo wir dem Thema Neid und Narzissmus bei Kernberg begegnen werden.

Narzissmus als Schutz vor Frustration: Michael Balint und Donald W. Winnicott

Eine andere Entwicklungslinie betrifft die Gültigkeit einer autoerotischen primär narzisstischen Entwicklung in Freuds Theorie. Hier haben insbesondere Michael Balint und Donald Winnicott angesetzt, die beide um 1950 in London ihre Ideen entwickelten, indem sie das Konzept eines primären objektlosen Narzissmus als Urzustand des Umweltbezugs in Frage stellten.

Michael Balint setzte der Theorie Freuds das Konzept der primären Liebe (synonym bei Balint: primäre oder passive Objektliebe) entgegen. Er interpretierte den Narzissmus im Gegensatz zu den Konzepten eines ob-

---

42 Klein M (1935)

jektlosen »primären Narzissmus« damit objektbezogen.[43] Mit primärer Liebe beschrieb er eine »harmonische Verschränkung« zwischen dem Säugling und seiner Bezugsperson, die den radikalen Wunsch des Neugeborenen enthält, uneingeschränkt und bedingungslos geliebt zu werden. Hier nimmt er Bezug auf Ferenczi und dessen Vorstellung eines intrauterinen paradiesischen Zustandes. Diese passive Objektliebe muss unter dem Vorzeichen einer primären Mütterlichkeit angenommen und erfüllt werden, um Sicherheit zu geben und eine gesunde Entwicklung zu ermöglichen. Dann entsteht aus der primären Liebe die aktive wechselseitige Objektliebe als reife Beziehungsform, aber auch die psychische Grundstruktur, der Kern des Selbst, als Verinnerlichung befriedigender Erfahrungen mit dem primären Objekt.

Wenn das Zusammenpassen jedoch misslingt und nicht kompensiert werden kann, entsteht auf Dauer eine Grundstörung[44]. Sie repräsentiert einen Defekt in der Persönlichkeitsorganisation, der als tiefe Narbe in die Struktur eingegraben ist und niemals wirklich verheilt. Er wird in der Regression wiederbelebt. In diesem Zustand zählt für den Patienten nur noch die Zweierbeziehung mit dem hintergründigen (narzisstischen) Bedürfnis, geliebt zu werden. Es ist kein weiteres Objekt mehr vorhanden.

Der Rückzug in den Bereich der Grundstörung dient als Schutz vor Versagung und Enttäuschung der passiven Liebeswünsche. Er ist klinisch durch tiefe Ängste, Leere, Verzweiflung und Selbstentfremdung gekennzeichnet und kann sich mit allen möglichen Formen der Psychopathologie verbinden, von den Psychosen über Persönlichkeitsstörungen bis hin zu Neurosen und psychosomatischen Störungen. Sie repräsentieren die Rückkehr zu der ersehnten archaischen Objektbeziehung.

Im Zustand der Grundstörung sind Worte nur noch als Sprechen (als Verbalhandeln) bedeutungsvoll, während ihr Inhalt und Symbolgehalt keine Bedeutung haben. Das hat bedeutende Folgen für die psychoanalytische Behandlung. In diesem Zustand tritt der Umgang mit der therapeutischen Beziehung, d.h. mit den Bedürfnissen der Patienten nach Kontakt und Zusammenpassen in den Vordergrund, während das Deuten stört und der Inhalt der Rede ganz zurücktritt. Die Zurückweisung und

---

43 Balint M (1937)
44 Balint M (1968)

Frustration primärer Liebeswünsche durch einen Mangel an Fürsorge, Liebe und Versorgung führt demnach zum sekundären Narzissmus, d. h. zum Rückzug auf die Ebene der Grundstörung.

In der Weiterverarbeitung beschreibt Balint zwei Varianten der narzisstischen Persönlichkeit: Die Oknophilie und den Philobatismus. Beide sind imaginäre narzisstische Objektbeziehungen, die der Angstabwehr dienen.

- *Oknophilie:* Existenzielle Angst wird in eine Angst vor leeren Räumen umgewandelt, die sich als grauenhaftes Erleben zwischen dem Selbst und dem Objekt ausbreitet. Um dieser Angst zu begegnen, klammert der Oknophile sich permanent an das Objekt an und schafft eine illusionäre Verschränkung. Dabei wird die Individualität des Anderen verleugnet, was sekundär natürlich mit Verlustängsten verbunden ist.
- *Philobathie:* Das »verlorene« Objekt wird in der Phantasie durch »freundliche Weiten« ersetzt. Der Philobath entflieht dem getrennt erlebten Objekt und betrachtet es aus der Ferne. Seine Angst kreist nun um die Vorstellung, dass ein Objekt auftauchen und seine Verleugnung aufheben könnte. Es ist also eine sekundäre Angst vor Objekten.

Bei Donald Winnicott findet sich ein ähnlicher Grundgedanke wie bei Balint, wenn er von »primärer Mütterlichkeit«[45] spricht. Er beschrieb damit einen Zustand besonderer Sensibilität und Zugewandtheit der Mutter gegenüber ihrem Kind. In diesem Zustand kann sie eigene Bedürfnisse und Aktivitäten zurückstellen, offen und einfühlsam auf die Bedürfnisse des Säuglings eingehen und ihm die Illusion vermitteln, dass sie Teil seines Selbst sei. Auf diese Weise hilft sie ihm, sensomotorische Brüche wie Hunger oder Schmerz zu überbrücken und eine Kontinuität des Selbsterlebens herzustellen. Damit entsteht der Kern des Selbst.

Die Mutter der inneren Welt ist ein subjektives Objekt. Es wird gewissermaßen durch die eigene Phantasie erschaffen und ist ein Teil des Selbst. Die objektive Realität ist hingegen die, in der das Kind anerkennen muss, dass die Mutter ein Eigenwesen ist, d. h. getrennt von seinem Selbst. Diese Erfahrung macht es irgendwann, wenn die Anpassung nicht optimal

---

45 Winnicott DW (1956)

gelingt oder wenn die Mutter abwesend ist und die Trennung ihm bewusst wird.

Um diese Erfahrung bewältigen zu können, benutzt das Kind materielle Dinge, z. B. den Zipfel seines Kissens oder seinen Teddybären, und verleiht ihnen die Bedeutung der abwesenden Mutter. Es erlebt seine Objekte dann so, als wären sie die Mutter. Das Kissen oder der Bär werden dann zu einem subjektiven Objekt – so wie die Mutter in der Phase der anfänglichen Illusion. Solche Gegenstände nennt Winnicott Übergangsobjekte[46]. Übergang meint dabei die Brücke zwischen der rein subjektiven narzisstischen Welt und der Anerkennung der äußeren Realität, zwischen dem subjektiven und dem objektiven Objekt.

Wenn die Anpassung in der narzisstischen Objektbeziehung der primären Mütterlichkeit misslingt, passt das Subjekt sich an fremde Bedürfnisse an und entwickelt ein »falsches« Selbst.[47] Es ist eine Art von psychischer Nicht-Existenz. Wenn die Mutter hingegen den Affektstürmen des Säuglings standhält, kann er ihre Getrenntheit anerkennen, sie für seine weitere Entwicklung realistisch nutzen und für sich ein »wahres«, d. h. reales Selbst entwickeln. In der metaphorischen Fachsprache sagt man, dass die Mutter dann die Angriffe des Säuglings überlebt.

Die wichtigste Aufgabe des Analytikers besteht in der Behandlung darin, sich von seinen Patienten als ein Objekt verwenden zu lassen, an dem sie sich selbst erfahren und ihr wahres Selbst entwickeln können. Dazu mehr in der 5. Vorlesung im Zusammenhang mit der Behandlung.

Narzissmus als Persönlichkeitsstörung: Otto F. Kernberg

Otto F. Kernberg (▶ Abb. 2.2) vertritt zur Erklärung des Narzissmus einen integrativen Ansatz, in dem er die Trieb-, Objektbeziehungs- und Ichpsychologie mit einander verbindet.[48] Dabei betrachtet er den Narzissmus immer in zwei Dimensionen:

---

46 Winnicott DW (1951)
47 Winnicott DW (1960)
48 Kernberg OF (1975, 1976)

- In der Dimension der Selbst- und Objektrepräsentanzen
- und in der von Triebkonflikten, insbesondere zwischen Sexualität und Aggression, bzw. auf der affektiven Ebene zwischen Liebe und Hass.

Abb. 2.2: Otto F. Kernberg (geb. 1928) verband die Trieb-, Objektbeziehungs- und Ichpsychologie zu einem innovativen Ansatz für das Verständnis der schweren Persönlichkeitsstörungen. Narzissmus ist für ihn eine pathologische Manifestation von Aggression und Neid im Selbst.

Kernberg unterscheidet zwischen einem normalen und einem pathologischen Narzissmus.[49]

- *Der normale Narzissmus* ist für Kernberg ein Durchgangsstadium in der Entwicklung.
  Den normalen *kindlichen Narzissmus* beschreibt er ganz im Sinne von Freud und Hartmann als libidinöse Besetzung des Selbst (Kapitel 2). Damit ist gemeint, dass das Selbsterleben von einem Gefühl für ein bleibendes Selbst getragen wird, das die verschiedenen positiven und negativen Anteile umfasst, die jedem Menschen innewohnen.
  Der Begriff Selbst beschreibt dabei eine Struktur, während es sich beim Narzissmus um einen Zustand handelt, der dem Erleben und Verhalten zugrunde liegt. Die Inhalte des kindlichen Narzissmus sind z. B. exhi-

---
49 Kernberg OF (1975), Kapitel 10

bitionistische und machtorientierte Strebungen, die aus der Idealisierung des Selbst erwachsen. Ein Beispiel wäre die Phantasie des kleinen Mädchens, dass es eines Tages den Vater heiraten wird.
In einer Weiterentwicklung zum normalen *erwachsenen* Narzissmus verlieren die Inhalte der narzisstischen Strebungen ihren grandiosen Zug und werden gleichsam gezähmt. Das geschieht durch Erfahrungen mit anderen und unter der Herrschaft des Überich und der Ideale in einer ungestörten Entwicklung. An die Stelle infantiler Idealisierungen treten objektbezogene Regungen, die mit dem Narzissmus verschmolzen werden, z. B. das Bemühen eines Sängers, mit seinen durchaus narzisstisch befriedigenden Auftritten sein Publikum zu beglücken.

- Den *pathologischen Narzissmus*[50] betrachtet Kernberg als Abwehr der aggressiven Anteile des Selbst und seiner Beziehungen und der darin enthaltenen Ambivalenz, also z. b. der Ambivalenz zwischen liebenden und hassenden Repräsentanzen und Affekten. Die Sehnsucht nach einem liebenden Objekt bleibt dabei ungestillt. Aus der Abwehr resultiert ein schwach entwickeltes Selbst. Es wird durch ein Größenselbst gestützt.
Der pathologische Narzissmus kommt vor allem bei der narzisstischen Persönlichkeitsstörung vor (▶ 4. Vorlesung). Hier bildet das Selbst eine pathologische Struktur, in der die »guten« und die »schlechten« Aspekte der Repräsentanzenwelt nicht integriert sind. Dem liegt eine Störung insbesondere der aggressiven Triebentwicklung zugrunde. Das Selbsterleben bleibt dabei mit starken destruktiven Affekten und Minderwertigkeitsgefühlen verbunden, die nach außen projiziert werden und deshalb nicht mit libidinösen verschmolzen werden können. Kernberg spricht von aggressiven Besetzungen. Im Zentrum stehen für ihn dabei der Neid auf unabhängige Objekte, der nicht bewältigt werden kann, und Abhängigkeitsbedürfnisse, die verleugnet werden.

Der pathologische Narzissmus ist danach durch aggressive Selbstaspekte und Objektrepräsentanzen geprägt. Sie werden abgespalten und/oder nach außen projiziert. Als Ursache für diese Fehlentwicklung sieht Kernberg eine übermäßige konstitutionelle Neidaggression zusammen mit defizitär

---

50 Kernberg OF (1984)

erlebter Fürsorge und mit Traumatisierungen. Sie führen dazu, dass die archaischen Triebkonflikte, nämlich Urkonflikte zwischen Liebe und Hass, nicht gelöst werden können. Er nimmt an, dass es die Anhäufung von Aggression und Neid im Selbst ist, die eine pathologische Ich- und Überich-Entwicklung bewirkt. Sie bildet die Grundlage für die Unfähigkeit, in der Selbst- und Objektentwicklung dissoziierte »gute« und »böse« Anteile zu integrieren und das Selbst bzw. die Objekte in ihrer Ganzheit und Widersprüchlichkeit zu erleben.

Auf diese Weise entstehen unrealistische Selbst-Objekt-Repräsentanzen, welche die Persönlichkeit dominieren: Auf der einen Seite ein idealisiertes Selbst (Größenphantasien), auf der anderen die Umwelt (die Anderen), die sich gegen einen wendet und daher feindlich erscheint. Die Selbstüberhöhung dient letztlich dazu, jede Form der Abhängigkeit zu vermeiden und den Neid auf andere (die idealen Objekte) zu verdrängen.

Kernberg hält den pathologischen Narzissmus demnach für eine Folge einer konfliktbedingten pathologischen Entwicklung und nicht wie Kohut für eine Fixierung eines normalen kindlichen Entwicklungszustandes.

Phänomenologisch betrachtet, sind narzisstische Persönlichkeiten oft sozial gut angepasst, leistungsfähig und erfolgreich. Allerdings besteht eine abnorme Kränkbarkeit und ein übermäßiges Bedürfnis nach Anerkennung und Bewunderung. Bei genauerem Hinschauen bemerkt man neben Größenphantasien zugleich Minderwertigkeitsgefühle.

Je ausgeprägter die Störung ist, umso deutlicher werden Selbstbezogenheit, Neid, Empathiemangel, Misstrauen und Entwertung erkennbar. Das Größenselbst als Kern der narzisstischen Pathologie wird oft durch aggressive, feindselige und paranoide Haltungen geschützt. Dann entsteht ein *maligner Narzissmus*, der aus Kernbergs Sicht prognostisch aussichtslos ist.

Das Doppelgesicht des Selbst bei Jaques Lacan

Ich möchte abschließend einen Einschub machen und kurz auf die französische Psychoanalyse verweisen, in der der Andere schon viel früher als im analytischen Mainstream eine bedeutende Bezugsgröße des Denkens war. So hat Jaques Lacan sich schon in den 1930er Jahren mit der Entstehung des Selbst befasst und dabei wohl als erster ein Spiegelstadium beschrieben.[51]

Kasten 2.1: Weitere Konzepte zum Narzissmus

- 1965 H. Rosenfeld: Destruktiver Narzissmus
- 1967 W.G. Joffe und J. Sandler: Sicherheitsprinzip und narzisstischer Idealzustand
- 1970 W. Schumacher: Das Versöhnungs-Modell
- 1971 H. Argelander: Reformulierung des Narzissmus – Der Flieger
- 1974 H. Henseler: Narzisstische Krisen
- 1975 R. Stolorow: Das funktionale Narzissmus-Modell
- 1979 H.E. Richter: Der Gotteskomplex
- 1979 C. Lasch: Das Zeitalter des Narzissmus
- 1979 A. Miller: Das Drama des begabten Kindes
- 1979 E. Fromm: Vom optimalen zum absoluten Narzissmus
- 1980 A. Green: Die Tote Mutter
- 1982 A. Holder und C. Dare: Narzissmus als Regulationsprinzip
- 1987 C. Bollas: Der Schatten des Objekts
- 1988 J. Benjamin: Die Fesseln der Liebe; zwischen Selbstbehauptung und Anerkennung
- 1993 S. Mentzos: Drei Säulen des Narzissmus
- 1993 J. Steiner: Orte des seelischen Rückzugs

Darin taucht das Doppelgesicht des Selbst im Sinne von Sokrates auf – nämlich das, was Bewusstsein hat, und das, was zum Bewusstsein kommt. Bei Lacan sind es das erkennende und das erkannte Selbst. Das geschieht, wenn das Kind sich erstmals im Spiegel selbst entdeckt. Die Faszination darüber wird zum Kern des Selbstgefühls.

Aber das Entdeckte ist nur eine Täuschung, ein Spiegelbild. Daher enthält das Selbst von Anfang an ein Doppelgesicht: Das *je*, das tatsächlich

---

51 Lacan J (1936, 1949). Lacan hat sein Konzept des Spiegelstadiums erstmals beim Internationalen psychoanalytischen Kongress (IPK) 1936 in Marienbad und in überarbeiteter Fassung beim IPK 1949 in Zürich vorgetragen.

existiert, das gesehen werden kann und sich in Beziehung setzen kann, und das *moi*, das nur ein Abbild des Selbst ist, ein imaginäres, das gesehene Selbst. So begegnet man mit der Entdeckung des Selbst – so Lacan – auch seiner Nichtexistenz. Die Begegnung mit dem Selbst enthält daher auch immer die Selbst-Entfremdung.

Diese Konzeption wandte sich gegen die vorherrschende Auffassung eines primären, ganz auf das isolierte Selbst bezogenen Narzissmus. Für Lacan ist Narzissmus ein Phänomen der Beziehung des Selbst zu sich selbst.

In der Lehre Lacans begründet sie das sogenannte Register des Imaginären, eine selbsterschaffene illusionäre Welt. In ihr wurzelt das Selbstbewusstsein mit all seiner Widersprüchlichkeit. Lacan bringt sie auf den Punkt, wenn er den Aphorismus des französischen Dichters Rimbaud zitiert: *Ich ist ein Anderer.*

3. Vorlesung
Vom Selbst zur Intersubjektivität

Von der Metapsychologie zur Soziogenese des Selbst

Die traditionellen Ansätze legten den Schwerpunkt der Betrachtung des Narzissmus auf Entwicklungskonzepte, die maßgeblich durch intrapsychische Prozesse vor dem Hintergrund von Freuds Metapsychologie bestimmt waren. Es ging um Libidobesetzungen, um psychische Instanzen und um Triebschicksale. Dabei spielten die Anderen, d. h. die Bezugspersonen und die soziale Umwelt – wenn überhaupt – lediglich als modulierender Hintergrund eine Rolle. Allerdings änderte sich das in Folge der weiter entwickelten Objektbeziehungstheorie. Nun richtete sich das Augenmerk vermehrt auf die »fördernde Umwelt« (Winnicott). Das leitete über zum Konzept der Soziogenese des Selbst und einer beziehungsorientierten Neufassung des Narzissmus. Wissenschaftstheoretisch bedeutete das den Übergang von der Einperson- über die Zweipersonen- zur Beziehungspsychologie.

Unter *Soziogenese* versteht man den Ansatz, die Person als Produkt ihrer Beziehungen zu beschreiben. In unserem Zusammenhang geht es darum, dass das Selbst und der Narzissmus aus der Geschichte der individuellen Beziehungen zu anderen heraus verstanden werden. Diese Idee findet sich in der deutschen Philosophie bereits Anfang des 19. Jahrhunderts bei Georg Wilhelm Hegel (1770–1831) in seiner *Phänomenologie des Geistes* von 1806/07. Dort lesen wir den bemerkenswerten Satz: »Das Selbstbewusstsein ist an und für sich, indem und dadurch, dass es für ein anderes an und für sich ist. D. h. es ist nur als ein Anerkanntes.«[52] Hegel meinte damit, dass Selbstbewusstsein nur gewonnen werden kann, indem man sich im Anderen spiegelt und von diesem gespiegelt wird.

Diese Idee tauchte in der frühen Selbstpsychologie des Amerikaners William James (1842–1910) wieder auf und setzte sich bei den Sozialpsychologen Charles Cooley (1864–1929) und Georges H. Mead (1863–1931) fort[53], die die Wurzel des Selbst in der Bezogenheit zu anderen sahen. Das Wechselspiel, das zwischen zwei Subjekten zum Tragen kommt, verändert beide und schafft ein Neues, indem die Subjektivität des einen Einfluss auf die des anderen nimmt. Die Einflussnahme geschieht in der Interaktion durch Gesten, Symbole und Rollenzuschreibungen. Daher bezeichnet man diesen Ansatz auch als symbolischen Interaktionismus.

In der Psychoanalyse haben wir mit den Konzepten von Balint und Winnicott bereits Ansätze für die Soziogenese des Narzissmus und die intersubjektive Entwicklung des Selbst kennengelernt. Sie haben deutlich gemacht, dass die Pflegepersonen als reale Andere durch Empathie oder Versagung die Entwicklung des Selbst befördern oder beeinträchtigen. Ein verwandter Ansatz stammt aus der Bindungsforschung, die etwa zur gleichen Zeit um 1950 ebenfalls in London von John Bowlby (1907–1990) begonnen wurde. Sie widmete sich einer rein psychologischen Konstituierung des Selbst, womit sie über die Trieb-, Ich- und Objektbeziehungstheorie, aber auch über den späteren Ansatz von Kohut und seine frühe Selbstpsychologie hinausging.

Das Gemeinsame aller drei Ansätze – Balint, Bowlby und Winnicott – ist die Annahme angeborener Motivationssysteme, nämlich von Bindungs-, Sicherheits- und Beziehungsbedürfnissen, die durch frühe Interaktionen aktiviert werden, um dann ihre Wirksamkeit zu entfalten. Der neu geborene Säugling braucht also den Anderen, um sein Selbst zu entwickeln. Störungen dieser Selbstentwicklung sind der Kern des Narzissmus. In ihm findet das Schicksal misslungener früher Beziehungserfahrungen seinen Niederschlag.

---

52 Hegel GW (1806) 1979, S. 229–294
53 James W (1890), Cooley C (1922), Mead GH (1934)

Beiträge der empirischen Entwicklungsforschung

Die Säuglingsforschung hat die These einer Soziogenese des Selbst auf ein empirisches Fundament gestellt. Ich kann hier nur schlaglichtartig darauf eingehen und verweise auf meine ausführlicheren früheren Darstellungen[54].

An die Stelle von Freuds rekonstruktiver Entwicklungstheorie aus der Behandlung kranker Erwachsener[55] trat die moderne psychoanalytisch orientierte Säuglings- und Bindungsforschung, als man begann, Kleinkinder in experimentellen Situationen direkt zu beobachten. Dieser Fortschritt ist vor allem mit dem Namen Daniel Stern (1934–2012)[56] verbunden. Er revolutionierte die Auffassung von der Bedeutung der Kindheit. Danach ist der »kompetente Säugling«[57] aktiv und objektbezogen und nicht einfach hilflos, autistisch und passiv ausgeliefert. Seine erste Entwicklungsaufgabe besteht in der Bindung an seine Bezugspersonen und nicht in der Ablösung von ihr.

Bei den Prozessen der frühen Beziehungsregulation spielen das angeborene Bindungsbedürfnis des Säuglings und die Art und Weise, wie die Umgebung damit umgeht, eine hervorragende Rolle. Instinktiv ist der Säugling bestrebt, die Nähe seiner Bezugspersonen zu suchen und durch sein Verhalten – Lächeln, Weinen, Anklammerung – Nähe und ein Gefühl von Sicherheit herzustellen. Mit seinem angeborenen Bindungsverhalten aktiviert er die Interaktion mit der Mutter und ihre konstitutionell verankerten Pflegeinstinkte. Diesen Prozess nennt man *attunement* (für Einstimmung, Anpassung, Zusammenpassen). Er formt die basale Befindlichkeit des Säuglings und bildet mit der Vorstellung, »So bin ich.«, den Kern seines Selbst. Bindung, Bezogenheit und das Zusammenpassen sind die Organisatoren der Selbstentwicklung.[58]

---

54 »Psychoanalyse heute« (2010) und »Der Andere in der Psychoanalyse« (2014)
55 Freud S (1905)
56 Stern D (1985), ▶ »Entwicklungspsychologischer Intersubjektivismus« in dieser Vorlesung
57 Dornes M (1983)
58 Ich werde später auf das Modell der Selbstentwicklung von Daniel Stern zurückkommen.

Moderne Beobachtungsmethoden, z. B. der Einsatz von gezielten Videoaufnahmen, bringen die vorsprachlichen prozeduralen Prozesse zum Vorschein, die dabei eine Rolle spielen. Es sind sensomotorische Signale wie subtile mimische, gestische und stimmliche Formen des Austausches, die im körperlichen und sinnlichen Kontakt zum Tragen kommen. Sie geben dem Konzept der Soziogenese des Selbst eine empirische Grundlage.

Narzissmus als Störung der Entwicklung des Selbst: Heinz Kohut

Heinz Kohut (1913–1981) (▶ Abb. 3.1) hat den Wert eines »gesunden« Narzissmus für den Einzelnen und die Gesellschaft betont und den Narzissmus damit vom Odem einer anstößigen Selbstliebe befreit. Mit seinem Konzept einer eigenständigen Entwicklung des Narzissmus hat er ganz neue Perspektiven für das Verständnis und die Behandlung der narzisstischen Pathologie eröffnet, das er in *Die Heilung des Selbst* beschrieben hat.

Bemüht um Weiterentwicklungen und Ergänzungen der Psychoanalyse, ging er zunächst von Freuds primärem Narzissmus (alle Libido befindet sich im Ich)[59] und von Hartmanns Ichpsychologie (das Selbst ist eine Struktur)[60] aus. Bei der Behandlung narzisstischer Persönlichkeitsstörungen gelangte er jedoch zu Konzepten, die der damaligen Psychoanalyse nach 1950 noch fremd waren. Indem er die Bedeutung der Empathie und Introspektion[61] für die Förderung und das Verständnis des Behandlungsprozesses hervorhob, entwarf er eine Alternative zur positivistischen aufdeckenden Behandlungstechnik, wie sie sich um 1950 unter dem Einfluss der amerikanischen Ichpsychologie herausgebildet hatte und damals die therapeutische Haltung prägte.

---

59 Freud S (1914)
60 Hartmann H (1964)
61 Kohut H (1959)

3. Vorlesung Vom Selbst zur Intersubjektivität

- *Empathie* meint, dass der Analytiker den Patienten aus dessen Perspektive heraus betrachtet und sich mit dessen Selbstsicht identifiziert.
- *Introspektion* bedeutet, dass er sich seiner eigenen Innenwelt zuwendet und seine Wahrnehmungen und Erfahrungen in die Betrachtung mit einbezieht.

Abb. 3.1: Heinz Kohut beschrieb eine eigenständige Entwicklung des Narzissmus, die unabhängig von der Triebentwicklung verläuft, und gelangte damit zu einem neuen Verständnis der narzisstischen Pathologie und ihrer Behandlung.

Schließlich gelangte er zu der Auffassung, dass das Selbst und der Narzissmus unabhängig von den Trieben und den Objektbeziehungen eine eigenständige Entwicklung nehmen. Die traditionelle Psychoanalyse hatte die Entwicklungslinie vom primären (objektlosen) Narzissmus zur Objekt*beziehung* betrachtet; Kohut setzte dem die Entwicklungslinie von einem archaischen, desintegrierten und abhängigen zu einem reifen, in sich kohärenten und autonomen Narzissmus entgehen. Das Ziel dieser Entwicklung ist die Objekt*liebe*, was emotional etwas ganz anderes ist als Objektbeziehung.[62] Entscheidend für diese Entwicklung sind nicht die aus

---
62 Kohut H (1966), S. 563

dem Biologischen stammenden Triebe, sondern entwicklungsfördernde Erfahrungen mit primären Bezugspersonen, die als »Selbstobjekte« die Entwicklung begleiten.

Indem Kohut begann, sein Konzept zu verallgemeinern und auch die klassische neurotische Pathologie in Rahmen dieses Konzepts zu interpretieren, begründete er die Selbstpsychologie als neue Forschungsrichtung und »Schule« in der Psychoanalyse. Der Markstein dafür ist sein Buch *Die Heilung des Selbst*[63], in dem die Entwicklung des Selbst ganz in das Zentrum der Psychopathologie gerückt wird. Er betrachtete nun das Selbst als übergeordnetes Motivationszentrum und Mittelpunkt des psychischen Universums (▶ Kasten 3.1).

Kasten 3.1: Begriffe der Selbstpsychologie und des Narzissmus

- *Archaische narzisstische Konfigurationen:* Größenselbst (Selbstüberhöhung) und idealisierte Elternimago (Idealisierung von anderen) dienen der Stabilisierung der Selbstkohärenz
- *Bipolares Selbst:* Aufrechterhaltung der vertikalen Spaltung im Selbst zwischen Größenselbst und idealisierter Elternimago in der pathologischen narzisstischen Persönlichkeitsorganisation
- *Empathie und Introspektion:* Grundeinstellung für das Verständnis und die Behandlung der narzisstischen Pathologie
- *Falsches Selbst:* :Übermäßige Anpassung des Selbst an Vorstellungen und Erwartungen der Bezugspersonen
- *Fragmentierungsangst:* Zentrale Angst der narzisstischen Störung vor drohender Desintegration, vornehmlich bei unzureichender Selbstobjektfunktion
- *Gesunder Narzissmus:* Entsteht durch Transformation der archaischen narzisstischen Konfigurationen in spannungsregulierende psychische Strukturen
- *Kohärentes Selbst*: Eigenständiges integriertes Motivationszentrum, getragen von einem realistischen, überdauernden Selbsterleben im gesunden Narzissmus

---

63 Kohut H (1977)

- *Narzisstische Persönlichkeitsorganisation:* Aufrechterhaltung des bipolaren Selbst in der Persönlichkeit
- *Selbst:* Nach Freud und Hartmann eine übergeordnete Struktur, die sich aus dem Ich heraus entwickelt und alle anderen Instanzen umfasst. Nach neuerer Auffassung ist das Selbst ein eigenständiges Motivationszentrum, das die Repräsentation der eigenen Person zum Inhalt hat und sich kontextabhängig verändert
- *Selbstgefühl:* Das Empfinden von Konstanz und Kontinuität, weitgehend identisch mit dem mehr soziologisch konnotierten Begriff Identität
- *Selbstobjekt:* Objekt oder Objektrepräsentanz, die als Teil des eigenen Selbst erlebt wird und der Aufrechterhaltung eines kohärenten Selbst dienen; Eine Bezugsperson, die als das Selbsterleben stärkend und stabilisierend verwendet wird
- *Selbstobjektunktion:* Die Funktion, dem Anderen durch Spiegelung seines Befindens und durch die Bereitschaft, sich idealisieren zu lassen, ein Gefühl von Ganzheit zu vermitteln und dadurch ein kohärentes Selbstgefühl in ihm zu erzeugen
- *Selbstwertgefühl:* Das Empfinden des persönlichen Wertes zwischen Grandiosität und Minderwertigkeit
- *Umwandelnde Verinnerlichung, optimale Frustration:* Prozesse, welche die Transformationen hin zum gesunden Narzissmus fördern
- *Virtuelles Selbst:* Erwartungen und Zuschreibungen der Eltern an das zukünftige, von ihnen gedachte Selbst ihres Kindes

Die Rezeption dieses neuen Paradigmas war in psychoanalytischen Fachkreisen äußerst zwiespältig – von anerkennender Zustimmung bis hin zu schroffer Ablehnung mit dem Argument, Kohuts Ideen seien nicht mehr psychoanalytisch. Heute spielen sie eine bedeutende Rolle im pluralistischen Kanon der Konzepte, die in der Praxis Anwendung finden.

Die Entwicklung des Selbst

Kohut konzipierte das Selbst zunächst in Anlehnung an die damalige Ich-Psychologie als eine Art Matrix, in der noch keine Differenzierung zwischen Selbst und Objekt besteht. Laut Hartmann[64] entwickeln sich das Selbst und die Objektbeziehungen daraus als eigenständige Persönlichkeitssektoren. Nach Ausarbeitung der Selbstpsychologie erschien das Selbst bei Kohut als ein eigenständiges »Antriebszentrum«[65] der Motivationen und der Entwicklung. Alternativ zum Ich ist das Selbst weniger als Struktur denn von den Inhalten her konzipiert. Nach Kohut existiert es von Anfang an als ein Kern der Persönlichkeit, als unabhängiges Motivationssystem.

Die Entwicklung geht aus seiner Sicht vom archaischen zum reifen Selbst und verläuft parallel und in einer gewissen Wechselwirkung mit der Entwicklung der Objektbeziehungen. Das Ziel ist ein kohärentes, in sich ruhendes Kern-Selbst. Es enthält zentrale Strebungen und Ideale und ist der Mittelpunkt von Wahrnehmung und Antrieb. Es wird von einem Gefühl der Selbstbestimmtheit getragen, ohne übertriebene Angst vor Versagen und Versagungen.[66]

Bei dieser Entwicklung werden die Bezugspersonen als Selbstobjekte verwendet. Der Begriff *Selbstobjekt* bezeichnet dabei die Funktion, dem Kind durch Spiegelung und die Bereitschaft, sich idealisieren zu lassen, ein Gefühl von Ganzheit zu vermitteln und dadurch ein kohärentes Selbstgefühl in ihm zu erzeugen.[67]

Da die Selbstobjektfunktion niemals perfekt sein kann, entstehen unvermeidliche Brüche und Enttäuschungen, welche die Entwicklung vorantreiben. Enttäuschungen und Frustrationen, die sich in verträglichen, altersgemäßen Grenzen halten, können vom kleinen Kind als Erfahrungen mit anderen verinnerlicht werden. Durch umwandelnde Verinnerlichung kann es die stabilisierenden Funktionen auf Dauer selbst übernehmen und den Anderen aus dieser Funktion als Selbstobjekt entlassen. Eine optimale Frustration führt also zur Stabilisierung und zur Reifung des Selbst.

---

64 Hartmann H (1950)
65 Kohut H (1977), S. 249
66 vgl. Kohut H (1977), S. 155
67 Kohut H (1977)

3. Vorlesung Vom Selbst zur Intersubjektivität

Entwicklung des Narzissmus

Parallel und in Abhängigkeit von der Selbstentwicklung verläuft die Entwicklung des Narzissmus. Sie besteht im Wesentlichen darin, dass die »archaischen narzisstischen Konfigurationen« integriert werden und darüber ein kohärentes Selbst bzw. ein gesunder Narzissmus entsteht. Unter Konfigurationen werden unbewusste Komplexe aus Phantasien, Affekten, Wünschen und Erinnerungen verstanden, die mental als Motivationssysteme zum Tragen kommen – ähnlich wie der Ödipuskomplex im Freud'schen Sinne. Die zentralen narzisstischen Konfigurationen sind das Größenselbst und die idealisierte Elternimago. Sie sind nach Kohut von Anfang an vorhanden und als solche nicht als pathologisch zu betrachten.

- Das *Größenselbst* enthält unbewusste kindliche Größenphantasien von Allmacht, Allwissenheit und Vollkommenheit, verbunden mit der Sehnsucht, dafür bewundert und geliebt zu werden. Es beruht auf exhibitionistischen Wünschen und dem Drang nach Bestätigung und Gesehenwerden. Das Ziel der normalen Entwicklung ist die Bändigung des Größenselbst und seine Umformung in realistische Ziele, Interessen und eine stabile Selbstachtung.
- Die *idealisierte Elternimago* ist eine projektive Zuschreibung der Allmacht und Vollkommenheit an die idealisierten Beziehungspersonen, verbunden mit dem Wunsch nach Verschmelzung, um an ihrer Stärke und Zauberkraft teilzuhaben. In der normalen Entwicklung wird sie in Ideale umgewandelt, denen man nacheifern kann.

Mithin besteht die *»normale« Entwicklung* in der Transformation der archaischen narzisstischen Konfigurationen in spannungsregulierende psychische Strukturen. Im Spannungsfeld zwischen Größenselbst und Idealisierung entwickeln sich dabei Talente, Fähigkeiten und Kreativität (▶ Kasten 3.2).

Wenn dieser Prozess gelingt, bildet sich ein reifes, integriertes Selbst, in dem grandiose Phantasien abgeschwächt sind und in Beziehung zu einem realitätsorientierten Ich-Ideal stehen. »Ein gesundes Selbst ... ist eine Struktur, die – außer vielleicht infolge schwerster Traumatisierungen ... –

nicht dazu neigt, während der Reife fragmentiert ... zu werden, zumindest nicht ernstlich und/oder für lange Zeiträume«.⁶⁸

Kasten 3.2: Umformungen des Narzissmus nach Kohut (1966)⁶⁹

- *Schöpferische Begabung und Arbeit (Kreativität):*
  In der Phantasie mit der Umgebung spielen
- *Seelisches Einfühlungsvermögen (Empathie):*
  Gefühle anderer Menschen wahrnehmen,
  Erfahrungen im Anderen erkennen, die den eigenen ähnlich sind
- *Erkennen der Endlichkeit der eigenen Existenz:*
  Das Beharren auf Allmacht aufgeben,
  die Vergänglichkeit des Seins annehmen
- *Humor:*
  Die eigene Endlichkeit annehmen statt verleugnen,
  abwehrbedingte Größenideen und Hochstimmungen aufgeben
- *Weisheit:*
  Fähigkeit, narzisstische Größenphantasien aufzugeben und die Unvermeidbarkeit des Todes anzuerkennen,
  Bewusstsein, dass die eigenen Kräfte abnehmen und alles zu Ende geht

---

Narzisstische Störungen

Den Angelpunkt für Störungen der narzisstischen Entwicklung bildet das Versagen der Bezugspersonen in ihrer entwicklungsfördernden Funktion als Selbstobjekt und die Frustration von Selbstobjekt-Bedürfnissen. Sie widersprechen dem basalen Sicherheitsbedürfnis, gefährden die Kongruenz des Selbsterlebens und rufen Fragmentierungsängste als zentrale Ängste der narzisstischen Störung hervor. Das geschieht, bei traumatischen Erfahrungen, d. h., wenn Frustrationen nicht altersgerecht und wohl do-

---

68 Kohut H (1984), S. 110
69 Kohut (1966), in Anlehnung an Siegel (1996), S. 65–66

siert, sondern traumatisch erlebt werden. Dann entsteht ein Entwicklungsstillstand, der durch eine pathologische narzisstische Persönlichkeitsorganisation kompensiert wird und klinisch als narzisstische Störung in Erscheinung tritt.

Dabei eröffnen sich zwei Wege für die pathologische Entwicklung:[70]

- *Das Größenselbst* bleibt als kompensatorische Struktur erhalten und rückt mit dem Anspruch der Allmacht und Phantasien der Unverletzlichkeit in das Zentrum der Motivationen. Mit der Selbstidealisierung kann das Kind sich der Wahrnehmung von Frustrationen in Beziehungen entziehen. Auf diese Weise entsteht eine scheinbare, vordergründige Unabhängigkeit. In ihr haben die narzisstischen Beziehungsstörungen ihre Wurzel.
- *Die idealisierte Elternimago* mit ihren projizierten Omnipotenzphantasien wird zur zentralen Motivation. Der Andere bleibt als »Größenobjekt« das Ziel von unrealistischen Idealisierungen und kann als spannungsregulierendes Selbstobjekt nicht aufgegeben werden. Die Idealisierung kann sich in allen möglichen Beziehungen wiederholen. Daraus können Gefühle der Leere im Selbst, Depressionen und Selbstzweifel entstehen. Es kann sich auch die Phantasie entwickeln, durch ein spiegelndes Selbstobjekt in seiner Größe und Vollkommenheit bestätigt zu werden. Beide Möglichkeiten führen zu einer Abhängigkeit, der die autonomen Strebungen zum Opfer fallen.

Zur entwicklungsfördernden Interaktion mit den frühen Beziehungspersonen gehört deren Bereitschaft, sich als Objekt der Idealisierung bzw. zur spiegelnden Anerkennung des Größenselbst des Kindes verwenden zu lassen. Störungen und Brüche dieser Interaktionen können vielfältige Ursachen haben (▶ 4. Vorlesung und ▶ 5. Vorlesung). Wenn sie misslingen, bleibt die Kluft zwischen Größenselbst und idealisierter Elternimago als pathologische Form eines bipolaren Selbst erhalten. Ein gesundes Selbstwertgefühl als Zentrum der eigenen Motivationen kann sich dann nicht entwickeln. Es persistiert eine vertikale Spaltung, die für die narzisstische Pathologie charakteristisch ist.

---

70 Kohut H (1977)

Die Weichenstellung für die Selbstentwicklung hängt also davon ab, ob eine entwicklungsgemäße, optimale Frustration der narzisstischen Konfigurationen gelingt, die Idealisierungen zurückgenommen und die narzisstischen Konfigurationen integriert werden können oder nicht.

Von der Selbstpsychologie zum Intersubjektivismus

Kohut hatte das Selbst vor dem Hintergrund der Ichpsychologie anfangs noch als Struktur konzipiert. Der Begriff Struktur bezeichnet dabei das ganzheitliche Gefüge und betont das Überdauern des Selbstgefühls und der Selbstrepräsentanzen. Später beschrieb er das Selbst als Bündel von Motivationen, Zielen, Fertigkeiten und Begabungen. In beiden Varianten behielt es etwas Statisches.

Diese Auffassung erschien in der Fortführung der Selbstpsychologie unbefriedigend. Es entstanden Konzepte, die sie weiterentwickelten und ein interaktionelles Verständnis des psychoanalytischen Prozesses in das Zentrum rückten.

Ausgangspunkt war die Kritik, dass Kohut Beziehungen letztlich als Einbahnstraße betrachtet hatte, in der nur der Andere (die Bezugspersonen in der Entwicklung, der Analytiker in der Behandlung) Einfluss auf die Strukturreifung des Selbst nimmt. Diese Sichtweise berücksichtigt aus der Sicht der späteren Selbstpsychologie zu wenig die Interdependenz. Stattdessen übernahm sie aus dem symbolischen Interaktionismus die Idee eines reflexiven Selbst, d.h. sie postulierte seine Kontextabhängigkeit. Damit begreift sie das Selbst als einen lebenslangen Prozess, der sich mit den jeweiligen Beziehungserfahrungen, den Kontexten, verändert. Der Mensch wird nicht nur in Beziehungen gezeugt, ausgetragen und geboren, was auf seine primäre Bezogenheit verweist. Die Beziehungen, in denen er lebt, beeinflussen und verändern das Selbsterleben und verändern damit das Selbst das ganze Leben lang.

Die intersubjektive Wende: Stolorow und Atwood

Die Idee eines autonomen Selbst ist nach dieser Auffassung eine Illusion. Damit tritt Kohuts Idee eines funktional verstandenen Selbst als ein überdauerndes Bündel von Fähigkeiten in den Hintergrund, während der Aspekt der fortwährenden Umschreibung in Beziehungen, ein dynamisches Prinzip, in den Vordergrund rückt. Man kann auch von einem fluiden oder dynamischen Selbst sprechen. Eingeleitet wurde die Entwicklung von den US-Amerikanern Robert D. Stolorow und George E. Atwood um 1975, als sie die Werke von Freud, Jung, Rank und Reich untersuchten und herausfanden, dass jede der Theorien kontextabhängig, d. h. vor dem Hintergrund der subjektiven Biografien zu verstehen ist.[71] Zu ihrer Arbeitsgruppe gehörten auch Bernhard Branschaft und Donna M. Orange. Ein Markstein war 1984 das Buch *Structures of Subjectivity*[72], das als theoretische Grundlegung der Intersubjektivität betrachtet werden kann.

Weitere Beiträge stammen von Autoren, die sich nicht zum engeren Kreis von Kohut zählten, wie Beatrice Beebe, Jessica Benjamin, Nancy Chodorow, Frank M. Lachmann, Joseph Lichtenberg, James Fossage und Thomas Ogden.[73] Sie griffen auf den bereits erwähnten symbolischen Interaktionismus von James, Cooley und Mead zurück und führten ihn weiter[74]. Hinzu kam der Einfluss von Analytikern wie Sándor Ferenczi, Michael Balint, Donald W. Winnicott und Hans Loewald, die mit ihrer beziehungsorientierten Auffassung der psychoanalytischen Situation als Vorläufer des Intersubjektivismus gelten können. Insgesamt wurde nun viel stärker als früher die gegenseitige Einflussnahme in der Bezogenheit

---

71 Stolorow RD, Atwood GE (1979)
72 Atwood GE, Stolorow RD (1984)
73 Eine Sammlung von Beiträgen intersubjektiv orientierter Autoren wurde von Altmeyer und Thomä (2006) herausgegeben; vgl. auch Forum der Psychoanalyse 34 (2018) Heft 1 »ZwischenWelten« sowie Psyche 72 (2018) Heft 9/10 »Feld – Begegnung – Ereignis«.
Die »intersubjektive Wende« habe ich in dem Band »Der Andere in der Psychoanalyse« (2014) ausführlicher dargestellt.
74 Vgl. Details bei Ludwig Körner C (1992), Kapitel 1.2, auf die ich mich im Folgenden beziehe.

zwischen Subjekt und Objekt hervorgehoben, und zwar sowohl für das Verständnis der Konstituierung des Selbst in der Entwicklung als auch für seine Veränderungen im Behandlungsprozess.

So entwickelte sich seit den 1980er und 90er Jahren eine grundsätzliche Erweiterung des Denkens in der Psychoanalyse, welche die psychoanalytische Situation als ein dynamisches System betrachtet, in dem subjektive Welten gegenseitig Einfluss auf einander ausüben. Dieser Ansatz wird auch in der Theorie des *psychoanalytischen Feldes* vertreten, die von Willy Baranger (1922–1994) und Madelaine Baranger (1920–2017) in den 1960er Jahren in Argentinien ganz unabhängig von der Selbstpsychologie entwickelt worden ist.[75]

Diese veränderte Sichtweise der psychoanalytischen Begegnung wird als *intersubjektive Wende* bezeichnet.[76] Sie versteht sich nicht als Gründung einer neuen Schulrichtung, sondern als ein Perspektivwechsel, der mit unterschiedlichen Theorien zu vereinbaren ist. Neu ist, dass die impliziten Beziehungsprozesse dadurch stärker ins Bewusstsein treten. Inzwischen ist sie von vielen Analytikern unabhängig von deren theoretischer Orientierung rezipiert worden. Lediglich die relationale Psychoanalyse[77], die von Steven A. Mitchell aus der interpersonalen Tradition von Harry S. Sullivan entwickelt wurde, beansprucht für sich den Status einer eigenständigen »Schule«.

Die intersubjektive Wende steht in einem engen Zusammenhang mit grundsätzlichen Veränderungen des zeitgemäßen Denkens und des Selbstverständnisses in unserer Zeit. In der Einführung zu dem Buch *Die vernetzte Seele*, mit dem die amerikanischen intersubjektiven Richtungen im deutschsprachigen Bereich bekannt geworden sind[78], weisen Martin Altmeyer und Hans Thomä darauf hin, dass das Hauptproblem der Menschen heute die Identität ist und nicht mehr die Sexualität wie zu Anfang der Psychoanalyse. Das macht es verständlich, dass auch das psychoanalytische Denken sich heute mehr an der Suche nach dem Selbst in Bezie-

---

75 Baranger W, Baranger M (1961)
76 vgl. auch meine Darstellung: Ermann M (2014)
77 Mitchell M (2000)
78 Altmeyer M, Thomä H (2006), S. 25

hungen orientiert als am Intrapsychischen, am Trieb und an der therapeutischen Abstinenz.

Die Feldtheorie und der intersubjektive Ansatz

Die zentrale Idee des intersubjektiven Ansatzes ist die »Ko-Konstruktion«. Sie bezieht sich sowohl auf die Entstehung des Selbst als auch auf die psychoanalytische Situation. Das Konzept wurde von Hans Loewald (1906–1993) in die Psychoanalyse eingeführt. Er betrachtete den Psychoanalytiker als Mitspieler (*Co-actor*) im psychoanalytischen Prozess.[79] Er vertrat die Auffassung, dass faktisch alle Beteiligten in einer Begegnung unausweichlich als Partner zusammenwirken. Dabei erschaffen sie ein Drittes, ein »Dazwischen«[80] als ein Neues. In Bezug zur Selbst-Entwicklung bedeutet das: Wie ich mein Selbst erlebe, hängt vor allem davon ab, wie die anderen mich sehen. Mein Selbstgefühl entwickelt sich, indem ich im Kontakt mit anderen aus mir heraustrete und mich mit deren Augen betrachte. Im unbewussten bipersonalen Feld[81] üben die Beteiligten gegenseitig Einfluss aufeinander aus. Sie bewirken, dass sie sich durch die gemeinsamen Erfahrungen verändern.

In diesem intersubjektiven[82] Verständnis rückt die Bezogenheit, also das *Dazwischen*, in das Zentrum der Betrachtung. Dabei geht es vorrangig um die »›Kontextualisierung‹ des Intrapsychischen«[83], d. h. um die Verschiebung der Beobachtung vom psychischen Binnenraum zum intersubjektiven Feld. Hier kommt die Verschiedenheit der Subjekte zur Entfaltung und bringt sie miteinander in Berührung. Dadurch werden in beiden Beteiligten dynamische Prozesse in Gang gesetzt, z. B. Übertragungen und Gegenübertragungen.

Die Erfahrungen im intersubjektiven Feld vermitteln sich vor allem prozedural auf der sinnlich-körperlichen und affektiven Ebene, z. B. durch

---

79 Loewald H (1960)
80 Buber M (1923)
81 Baranger W, Baranger M (1961)
82 Nach Jaenicke (2002) wurde der Begriff erstmals 1978 von Stolorow und Adwood in einem Aufsatz über den psychoanalytischen Prozess verwendet.
83 Milch W (2001), S. 34

die Mimik und Gestik, durch Bewegung und Stimmklang. Die Interaktionen hinterlassen ungedacht-unbewusste Spuren im impliziten Gedächtnis. Sie verändern das Selbst. Nach einer Begegnung bin ich daher ein anderer als zuvor.

Damit erweist sich das Selbst aus intersubjektiver Sicht als ein wechselseitiger, kontextabhängiger Prozess. Wie ich mich fühle, hängt von den Kontexten ab, d.h. davon, was ich in einer Beziehung vorfinde, was ich einbringe und was mir entgegengebracht wird. Diese Kontexte wirken zurück und prägen das Selbstgefühl von jedem der an diesem Geschehen Beteiligten.

Entwicklungspsychologischer Intersubjektivismus: Daniel Stern

Als einer der ersten hat der Entwicklungspsychologe Daniel Stern (1934–2012) in seinem grundlegenden Buch *Die Lebenserfahrung des Säuglings*[84] eine intersubjektive Theorie der Selbstentwicklung vorgelegt, die durch Befunde der Säuglingsforschung empirisch fundiert ist. Darin unterscheidet er mehrere »Domänen« des Selbstempfindens, die mit Stufen der Bezogenheit (Stern: *relatedness*) korrespondieren. Sie entwickeln sich nacheinander, bauen auf der jeweils vorangehenden auf und bleiben lebenslang nebeneinander bestehen (▶ Kasten 3.3). Allerdings treten die jeweils vorangehenden in den Hintergrund der subjektiven Aufmerksamkeit.

Wirklich neu daran ist, wie sich das Selbsterleben auf allen Stufen der Entwicklung *am Anderen* konstituiert. Beispielhaft für die wechselseitige Beziehungsregulation sind die Primärbeziehungen zu den ersten bedeutsamen Pflegepersonen: Erwartungen, Hoffnungen, Enttäuschungen und der gesamte komplexe psychosoziale Kontext bestimmen darüber, mit welcher Gestimmtheit ein Mensch von seinen »ersten Anderen« empfangen und gesehen und in dieser Welt aufgenommen wird. Sie vermitteln sich prozedural, d.h. über Mimik, Gestik, Reaktionsbereitschaft und vieles andere. Das schafft ein Basisbefinden, mit dem er wiederum den anderen begegnet und auf sie einwirkt.

---

84 Stern D (1985)

Kasten 3.3: Stufen des Selbstempfindens nach Daniel Stern (1985)

- *Auftauchendes Selbst und Bezogenheit* (ab Geburt)
  Bereits kurz nach der Geburt lassen sich Anzeichen für ein auftauchendes Selbst daran ablesen, dass der Säugling von sich aus in Kontakt zu seinen Pflegepersonen tritt und dabei zu erkennen gibt, dass er bereits zwischen Selbst und Nicht-Selbst unterscheidet.
- *Kernselbst und Selbst mit dem Anderen* (ab dem 3. Lebensmonat)
  Ab drei Monaten zeigt sich ein Kern-Selbst, das bereits Erwartungen erkennen lässt und Vertrautheit gegenüber gewohnten Personen zeigt. Es gibt auf dieser Stufe schon persönliche assoziative Verknüpfungen zwischen Gefühlen und Erlebnissen, die Geschehnissen eine persönliche Bedeutung verleihen.
- *Subjektives Selbst und intersubjektive Bezogenheit* (ab dem 7. Lebensmonat)
  Im zweiten Lebenshalbjahr entwickelt sich das subjektive Selbst. Jetzt wird deutlicher zwischen Selbst und Nicht-Selbst unterschieden. Es entsteht eine intensive Abstimmung der Bedürfnisse, Gefühlsreaktionen, der Wahrnehmung und Aufmerksamkeit zwischen dem Säugling und der Mutter.
- *Verbales Selbst und verbale Bezogenheit* (ab dem 15. Lebensmonat)
  Mit der Sprachentwicklung entsteht das verbale Selbst. Es ist durch die Entwicklung von Begriffen für Eigenes und Fremdes gekennzeichnet, die das Denken und die Erinnerungsprozesse verändern. Das Erleben wird jetzt sprachlich symbolisiert. Damit entsteht die Fähigkeit, sich über Menschen und Beziehungen eine Vorstellung zu machen, über sich und die anderen nachzudenken und Erkenntnisse zu gewinnen und darüber begriffliche Erinnerungen zu bilden.
- *Narratives Selbsterleben* (ab dem 3. Lebensjahr)
  Es stellt eine Weiterentwicklung und Differenzierung des verbalen Selbst dar, wobei das Selbstgefühl sich verstärkt aus Erzählungen und Erzähltem ableitet. Es ist bedeutsam, dass Narrative stets intersubjektiv geprägt sind, d. h., sie werden zwischen beiden Beteiligten ausgehandelt und sind insofern eine Ko-Konstruktion.

So entstehen Interaktionsschleifen, die sich zu Beziehungskonstellationen verdichten, an denen alle Akteure beteiligt sind. Diese Prozesse sind gemeint, wenn der Intersubjektivismus von Ko-Konstruktion spricht. Der schöpferische Austausch organisiert das Erleben im Kontakt mit anderen. Er erschafft aus intersubjektiver Sicht das Selbst. Ähnliches ereignet sich lebenslang in Beziehungen – auch in der Begegnung in der Psychotherapie. So erleben sich Mutter und Kind erst als solche in der Matrix einer versorgenden Bezogenheit, ebenso wie Analysand und Analytiker, die erst im Kontext der Analyse zu diesem Selbstverständnis finden. Auch die psychoanalytische Situation und, im Längsschnitt betrachtet, der psychoanalytische Prozess sind mithin Ko-Konstruktionen, die zwischen den Beteiligten ausgehandelt werden.

Narzissmus aus intersubjektiver Sicht

Es gibt kein ausgereiftes intersubjektives Konzept des Narzissmus. Es erscheint aus intersubjektiver Sicht allerdings berechtigt, die Entwicklung des Narzissmus als eine Funktion der zuvor dargestellten intersubjektiv vermittelten Selbstentwicklung zu betrachten. Danach ist das Scheitern der interaktionellen Prozesse im Zusammenhang mit der Selbstentwicklung die Basis für den pathologischen Narzissmus. Mithin wären beide, normaler und pathologischer Narzissmus, eine Ko-Konstruktion, an der der Säugling und seine Bezugspersonen beteiligt sind.»Das Objekt ist (im Narzissmus) stets präsent, wenn auch nicht immer sichtbar und bewusst. Es ist geradezu die Abhängigkeit vom Anderen, die im Narzissmus verborgen wird und sich gleichzeitig auf eigentümliche Weise enthüllt.«[85]

Nach den Befunden der Säuglingsforschung sind es vor allem die basalen Interaktions- und Spiegelungsprozesse, die als organisierende Prozesse des Selbst und im erweiterten Sinne des Narzissmus zu betrachten sind. Aus der intersubjektiven Sicht spielen sie eine ganz spezifische Rolle für die Entwicklung. Aus den Interaktionen werden das Selbst (besser: die Selbstrepräsentanz) und der Narzissmus als selbstbezogene Ausrichtung des Erlebens erschaffen. Wie die Selbstrepräsentanz konstituiert wird und

---

85 Altmeyer M (2000), S. 17

welche Entwicklung der Narzissmus nimmt, ist danach das Ergebnis der Prozesse in der Beziehung zwischen dem Subjekt und den Anderen.

Martin Altmeyer hat in seinem Buch *Narzissmus und Objekt* verschiedene Ansätze aus der Literatur zusammengetragen, die eine Basis für eine intersubjektive Theorie des Narzissmus abgeben. Er kommt zu dem Ergebnis, dass Narzissmus eine spezifische Form der Objektbeziehung ist, in der das Selbst sich selbst betrachtet.[86] Im Narzissmus ist das Selbst also zugleich Subjekt und Objekt der Bezogenheit. Diese Beziehung des Selbst zu sich selbst wird intersubjektiv vermittelt, d.h. sie ist das Produkt früher Interaktionserfahrungen.

Altmeyer bezieht einen radikal intersubjektiven Standpunkt: »Narzissmus ist nicht die einsame Beschäftigung des Subjekts mit sich selbst, ... sondern lässt sich als reflexive, im Spiegel von Objektbeziehungen erworbene Selbstbeziehung definieren«[87]. Insofern, so Altmeyer, trägt Narzissmus immer auch die Spuren des Objekts.

Demgemäß verstehen wir den pathologischen, klinischen Narzissmus als Bewältigungsversuch fehlender intersubjektiver Anerkennung. Der Kern des Narzissmus ist dabei die Sehnsucht, von der nicht resonanten Mutter gesehen und unabdingbar geliebt zu werden – so wie im verlorenen archaischen Zustand der intrauterinen Ungetrenntheit.

Ausgangspunkt dieser Betrachtungsweise ist der Zustand der harmonischen Verschränkung im Sinne von Balint zwischen dem Säugling und der Mutter (▶ 2. Vorlesung). Die Mutter ist in diesem Zustand des archaischen Narzissmus als Objekt zwar unentbehrlich, d.h. dieser Zustand ist nicht objektlos. Sie wird aber als solche, d.h. als eigenständige Andere noch gar nicht wahrgenommen. Es handelt sich um eine basale Entwicklungsposition, die auf den vorgeburtlichen Zustand zurückgeht. Er wird von verschiedenen Autoren aus verschiedenem Blickwinkel und unter verschiedenen Namen beschrieben:

---

86 ebd., S. 183
87 ebd., S. 228, 230

- Sándor Ferenczi nennt diesen den paradiesischen Zustand[88].
- Michael Balint beschreibt ihn als harmonische Verschränkung im Zustand der passiven Objektliebe.[89]
- Donald Winnicott nennt diese Entwicklungsstufe primäre Mütterlichkeit in einer haltenden Umwelt.[90]
- Christopher Bollas meint mit dem ungedacht Gedachten (*the unthought known*) einen Zustand, in dem der Andere vorhanden, aber noch nicht gedacht wird. Er ist in Körpererinnerungen repräsentiert.[91]
- Thomas Ogden nennt ihn die autistisch-berührende Position als vorsprachlichen Modus des Miteinanders.[92]

Der Angelpunkt der narzisstischen Entwicklung ist der Schritt vom archaischen zu einem reiferen Narzissmus. Dieser Schritt geschieht mit der Anerkennung der Getrenntheit zwischen dem Subjekt und der Mutter als Objekt. Er entspricht der Überwindung der schizoid-paranoiden Position und der Etablierung der depressiven Position in der Entwicklung, wie sie von Melanie Klein[93] beschrieben wurde. Man kann von einem *präödipalen Narzissmus auf mittlerem Strukturniveau* sprechen.[94]

Aus intersubjektiver Perspektive wurde er von der amerikanischen Analytikerin Jessica Benjamin[95] genauer untersucht. Sie beschreibt ein Paradoxon als kritischen Punkt der Selbstentwicklung. Danach wird das Selbst zwischen dem Subjekt und dem Objekt durch die Anerkennung der beidseitigen Abhängigkeit konstituiert. Einerseits bedarf der Mensch der Anerkennung durch andere; er braucht fortwährend Spiegelung und die Erfahrung, dass Subjekt und Objekt zusammenpassen.[96] Diese Angewiesenheit auf den Anderen bleibt das ganze Leben lang erhalten. Andererseits muss jeder in seiner Entwicklung irgendwann die Eigenständigkeit des

---

88 Ferenczi S (1913)
89 Balint M (1937)
90 Winnicott DW (1956)
91 Bollas C (1987)
92 Ogden T (1995)
93 Klein M (1935)
94 Ermann M (2020)
95 Benjamin J (1988)
96 Anerkennungstheorie von Honneth A (2003)

Anderen ertragen, um sich selbst zu finden. Das Paradoxon besteht also darin, dass Mutter und Kind die Bezogenheit anerkennen und zugleich erkennen, dass sie sich voneinander unterscheiden. Oder anders gesagt: dass wir mit der Ambitendenz von Autonomie und Abhängigkeit zurechtkommen müssen. Hier geschieht die Weichenstellung zwischen einer pathologischen narzisstischen Entwicklung und einer selbstbewussten Entwicklung hin zum Anderen als Liebesobjekt.

- *Normaler oder positiver Narzissmus* ist demnach gekennzeichnet durch reife Selbst-Objekt-Beziehungen. Sie beruhen auf der wechselseitigen Anerkennung von Angewiesenheit und Souveränität, also Beziehungen, in denen Selbstbehauptung und Abhängigkeit, Selbstliebe und Objektliebe in einer ausgeglichenen Balance zu einander stehen.
- *Pathologischer Narzissmus* bedeutet hingegen die Verleugnung der Abhängigkeit vom Anderen. Dabei werden Größenphantasien aufrechterhalten, mit denen die Unabhängigkeit des Selbst verteidigt wird. Sie verleugnen die Abhängigkeit von der Mutter und die Sehnsucht danach.

Alles hängt davon ab, wie man mit seiner Abhängigkeit von anderen umgeht und ob es gelingt, sie anzuerkennen, oder ob sie verleugnet wird. Mittel der Verleugnung sind die Kontrolle über den Anderen und die Ausübung von Macht. Die Lösung des Dilemmas kann nur dadurch erfolgen, dass der Anspruch auf Souveränität zu Gunsten von mehr Verbundenheit aufgegeben wird.

Der gesunde Narzissmus als Selbstsicherheit und gesundes Selbstwertgefühl ist demnach das Ergebnis einer *Transformation*. Dabei wird die selbstverständliche bestätigende primäre Beziehung verinnerlicht und in einen tragenden Teil des Selbsterlebens umgewandelt. Wenn das gelingt, kann das Subjekt sich selbst mit dem anerkennenden Blick des Anderen betrachten.

Wenn diese Transformation misslingt, entsteht ein pathologischer Narzissmus. In ihm bleibt die Phantasie der Verschmelzung erhalten. Diese Art des Narzissmus wird von der unerfüllten Sehnsucht nach Liebe und Anerkennung getragen. Er wird von Gefühlen der Unvollkommenheit und des Unwertes beherrscht, oder er wird durch Größenphantasien und eine Scheinunabhängigkeit geprägt, in der der Andere verleugnet wird.

Im pathologischen Narzissmus verschwindet der Andere, dessen Blick die Anerkennung verweigert. Die intersubjektive Spannung zwischen Selbst und Objekt, welche die Entwicklung vorantreibt, geht dabei verloren. Benjamin[97] sieht darin den psychischen Tod. Aber in der Selbst-Selbst-Beziehung ist der Andere als »negatives«[98], nicht vorhandenes Objekt enthalten. Seine Spuren sind die Verleugnung und die Sehnsucht. Narzissmus ist daher kein objektloser Zustand, sondern einer, in dem das Objekt implizit immer vorhanden ist.

---

97 Benjamin J (1988)
98 negativ im Sinne der Negation

4. Vorlesung
Pathologischer Narzissmus

In der 2. und 3. Vorlesung haben wir uns ausführlich mit den Grundlagen des Narzissmus beschäftigt. Wir haben dabei den normalen (positiven) vom pathologischen Narzissmus unterschieden. Der Schwerpunkt der Betrachtung lag auf der Theorie und der kindlichen Entwicklung. In dieser Vorlesung befassen wir uns mit den klinischen Erscheinungsformen, also mit dem pathologischen Narzissmus. Wir werden sehen, dass er ein Phänomen mit vielen Gesichtern ist, aber mit einer wiederkehrenden psychodynamischen Konstellation: Dem Kampf um Anerkennung und die Kohärenz des Selbst.

Bei der folgenden Darstellung stütze ich mich vor allem auf die Konzepte von Kernberg[99] und Kohut[100], ohne das ständig zu wiederholen.

Die vielen Gesichter des pathologischen Narzissmus

Pathologischer Narzissmus beruht auf einer Persönlichkeitsorganisation, bei der das Selbst schwach entwickelt und in sich wenig integriert ist. Diese Persönlichkeitsorganisation kann auf Dauer ein kohärentes (zusammenhängendes) Selbstgefühl und narzisstische Stabilität nicht gewährleisten.

---

99 Kernberg OF (1975, 1984)
100 Kohut H (1971, 1977)

Es braucht Bestätigung und Anerkennung von anderen, um intakt zu sein. Die Anerkennungssucht ist daher ein zentrales Merkmal des pathologischen Narzissmus.

Die Persönlichkeitsorganisation ist durch gespaltene Selbst- und Objektrepräsentanzen geprägt, die zwischen den Polen ideal/nur-gut und aggressiv/nur-böse zerrissen sind. In der Weiterverarbeitung entstehen durch Projektion und Identifizierung charakteristische narzisstische Konfigurationen: Das grandiose und das inferiore Selbst. Realistische Beziehungen zum eigenen Selbst und zu anderen sind dadurch schwer beeinträchtigt.

Aus diesem Grundmuster der narzisstischen Psychopathologie entwickelt der pathologische Narzissmus zwei Manifestationen, die sich durch die Intensität der pathologischen Merkmale unterscheiden: die narzisstische Persönlichkeit und die narzisstischen Persönlichkeitsstörungen (▶ Abb. 4.1).

- Die *narzisstische Persönlichkeit*[101] wird über lange Zeit durch adaptive Strategien kompensiert und bleibt verborgen. Man kann daher von einem stummen oder subklinischen Narzissmus sprechen. ICD-10 spricht von *Persönlichkeitsakzentuierung*. Er bildet eine Schwachstelle in der psychischen Struktur und eine Disposition für eine Dekompensation und stellt insofern ein Krankheitsrisiko dar. Mit dem Wegbrechen von Strukturen, die stabilisierend wirken, kommen die Defizite im Selbst zum Tragen und finden in Symptombildungen Ausdruck. Diese werden traditionell als *narzisstische Neurosen* bezeichnet.
- Bei den *narzisstischen Persönlichkeitsstörungen* bestehen dagegen ausgeprägte narzisstische Merkmale, die das Leben in allen Bereichen beeinträchtigen. Nach Ausprägung und strukturellem Entwicklungsniveau unterscheiden wir *schwere* narzisstische Persönlichkeitsstörungen auf *niederem* strukturellen Entwicklungsniveau von *präödipalen* narzisstischen Persönlichkeitsstörungen beim *mittleren* strukturellen Entwicklungsniveau[102]. Der Übergang ist fließend.

---

101 Die traditionelle Psychoanalyse bezeichnete diesen Komplex als (neurotische) Persönlichkeitsstruktur.
102 »Hohes« Niveau der Borderline-Persönlichkeitsorganisation nach Kernberg

4. Vorlesung Pathologischer Narzissmus

Narzisstische Züge kommen auf allem Ebenen der Strukturentwicklung vor und sind Teil jeder Persönlichkeit. Dementsprechend finden wir sie auf jeder Stufe der Persönlichkeitsorganisation (▶ Kasten 4.1). Der Narzissmus stellt dabei ein Kontinuum dar. Die reifste Stufe bildet der gesunde, »normale Narzissmus«[103]. Am meisten ausgeprägt ist die narzisstische Pathologie beim »Borderline-Narzissmus«, d. h. bei schweren narzisstischen Persönlichkeitsstörungen auf der Stufe des niederen strukturellen Entwicklungsniveaus. Dazwischen liegt der »präödipale Narzissmus« auf dem mittleren Strukturniveau, insbesondere die präödipalen »narzisstischen Neurosen« und die präödipalen narzisstischen Persönlichkeitsstörungen.[104]

Kasten 4.1: Phänomenologie des Narzissmus und strukturelles Entwicklungsniveau

- *Narzissmus auf dem reifen und höheren Strukturniveau*
  - Gesunder, normaler oder positiver Narzissmus
  - Narzisstische Züge bei höherstrukturierter neurotischer Persönlichkeitsorganisation
- *Narzissmus auf mittlerem Strukturniveau (»präödipaler Narzissmus«)*
  - Narzisstisch akzentuierte, mäßig adaptierte Persönlichkeiten
  - »Narzisstische Neurosen«: Symptome bei Dekompensation einer narzisstischen Persönlichkeit auf mittlerem Strukturniveau
  - Präödipale narzisstische Persönlichkeitsstörungen
- *Narzissmus auf niederem Strukturniveau (»Borderline-Narzissmus«)*
  - Schwere narzisstische Persönlichkeitsstörungen
  - Komorbidität mit anderen schweren Persönlichkeitsstörungen
  - Maligner/destruktiver Narzissmus
  - Antisozialer Narzissmus

---

103 Was normal ist, hängt von der Ausprägung narzisstischer Merkmale und dem Umgang damit ab, aber auch von Faktoren wie Lebensalter, Schicht, beruflichem Hintergrund und von gesellschaftlichen Bewertungen.
104 Zur hier verwendeten Terminologie vgl. mein Lehrbuch: Ermann M (2020) Psychotherapie und Psychosomatik, insb. Kap. 4.3 und 8.3

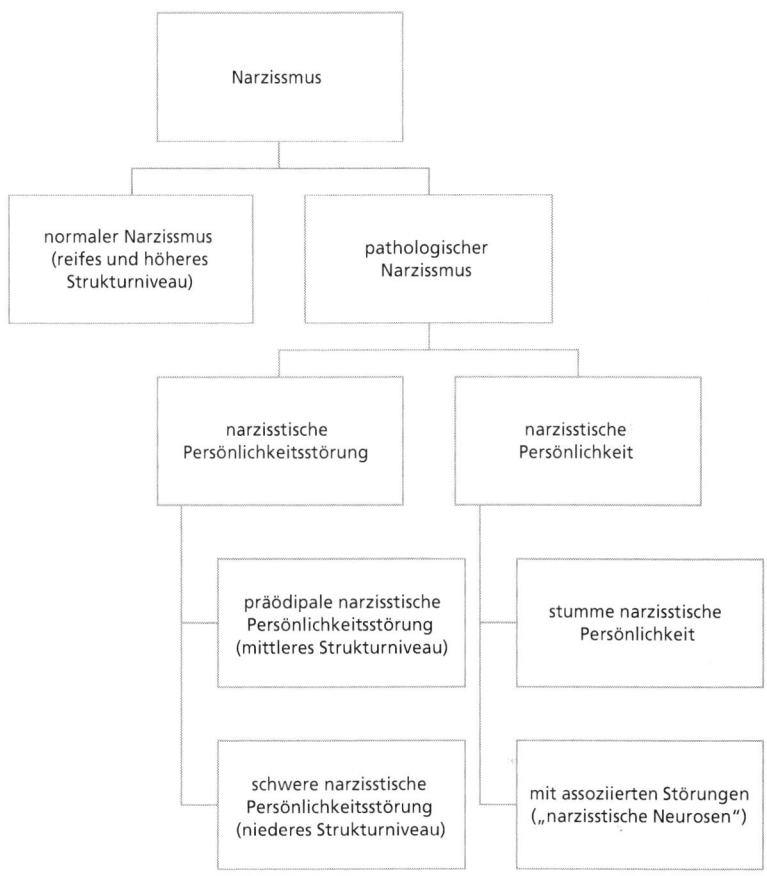

Abb. 4.1: Narzissmus und narzisstische Pathologie

Erscheinungen des pathologischen Narzissmus

Der pathologische Narzissmus ist durch eine Reihe sehr charakteristischer Merkmale und Eigenschaften gekennzeichnet, die auch im Alltag als narzisstisch gelten. Den Kern des pathologischen Narzissmus bildet die Labilität des Selbst. Sie prägt die Erscheinung des pathologischen Narzissmus vor allem mit der Manifestation eines bipolaren Selbst, ausgeprägter Kränkbarkeit und dem Syndrom der Identitätsdiffusion (▶ Kasten 4.2).

Kasten 4.2: Typische narzisstische Merkmale und Eigenschaften

Merkmale in Anlehnung an ICD-10 und DSM-IV

- Übertriebenes Grandiositäts- und Überlegenheitsgefühl
- Größenphantasien über Erfolg, Macht, Schönheit und Liebe
- Überzeugung, besonders und einzigartig zu sein
- Bedürfnis nach übermäßiger Bewunderung
- Anspruchshaltung auf besondere Behandlung
- Ausnutzung und Ausbeutung anderer
- Mangel an Empathie und an Bereitschaft, sich mit den Gefühlen anderer zu befassen
- Neid auf andere und Überzeugung, beneidet zu werden
- Arroganz, Überheblichkeit und Entwertung anderer

Weitere typische Merkmale

- Labilität des Selbst, Kränkbarkeit und Verletzlichkeit
- Identitätsdiffusion: Ziel- und Planlosigkeit, Unausgefülltheit, Fremdheitsgefühle
- Selbstunsicherheit, Selbstwertzweifel, Minderwertigkeitsgefühl
- Neigung zum narzisstischen Rückzug
- Neigung zu antisozialen Zügen (Lügen)

Identitätsdiffusion

Identitätsdiffusion heißt unklares Identitätsgefühl und verschwommenes Selbstkonzept, darüber hinaus aber auch unklare Vorstellung von anderen. Sie ist eine Folge der Unreife der Selbst- und Objektvorstellungen, die nur schwach entwickelt und zudem nicht integriert und daher widersprüchlich sind. Sie ist ein Kernphänomen der narzisstischen Persönlichkeitsstörung[105]. Die Selbstwahrnehmung ist diffus und bleibt blass, die Wahrnehmung anderer Menschen ist unscharf und oberflächlich.

Die Folge der Identitätsdiffusion sind Ratlosigkeit und Planlosigkeit in Bezug auf die Gegenwart und Zukunft. Betroffene wissen nicht, was sie wollen, und fordern Orientierung von anderen. Das wirkt sich auf viele Bereiche des Lebens aus, insbesondere auf Beziehungen und Partnerschaft, sowie auf Ausbildung und Beruf, wo sie vieles »wahllos« beginnen und nicht zu Ende führen.

Meistens besteht ein Fremdheitsgefühl gegenüber sich selbst, dem eigenen Leben und eigenen Leistungen. Die Patienten fühlen sich, als würden sie anderen etwas vormachen. Es bestehen Gefühle von andauernder Leere, Sinnlosigkeit und Gereiztheit. Als Ersatz für ein lebendiges Identitätsgefühl und lebendige Beziehungen identifizieren die Betroffenen sich unkritisch mit Leitbildern und Idolen, zum Beispiel in den Medien, oder suchen Anschluss an eine Gang. Auch die Erschaffung erfundener Identitäten im Internet stellt oft einen Ersatz für eine nie erreichte persönliche Identität dar.

> Herr Z. kam mit 25 Jahren in meine Behandlung. Er wollte eine Gruppentherapie bei mir machen, weil er unter Leeregefühlen und Lustlosigkeit litt. Er sagte: »Ich lebe wie im Dunst. Ich sehe keine Zukunft und habe null Bock«. Trotz seiner 25 Jahre wirkte er wie ein etwas verwahrloster Jugendlicher. Er machte einen verlorenen Eindruck und schaute sich bei mir um wie ein gejagtes Reh. Er hatte eine Zeitlang Drogen genommen, um sich, wie er sagte, aufzufüllen. Er arbeitete gelegentlich in einem Fotogeschäft und betrachtete sich als unentdeckten Künstler. Er hatte sich allerdings nie entschließen können, eine systematische Ausbildung zu machen. Noch nie hatte er eine feste Beziehung gehabt. Jetzt lebte er in einer Wohngemeinschaft und hatte sich dort mit einer jungen Studentin angefreundet. »Ich weiß nicht, was ich von ihr will« sagte er. Er konnte sich nicht für oder gegen sie entscheiden.

---

105 Kernberg OF (1984)

Das bipolare Selbst[106]

Narzisstische Personen halten positive und negative Anteile ihres Erlebens, konkret: ihrer Phantasien und Affekte, voneinander getrennt. Diese sind daher nicht miteinander zu einem realistischen Erleben zusammengefügt. Die Welt erscheint oft düster, grau und feindselig. Daneben gibt es, zumeist unbewusst, eine erhabene Welt maniformer Glückseligkeit, die paradiesische Welt der Größenphantasien, in der man frei ist von der enttäuschenden Realität. Sie ist ein Ort des narzisstischen Rückzugs.

So ist die innere Welt eines Narzissten in einen idealen, »nur-guten« und einen negativen, »nur-bösen« Sektor geteilt. Die Selbstpsychologie spricht von *vertikaler Spaltung*. Besonders die negativen Aspekte werden auf andere projiziert und nähren die Phantasie einer feindseligen Umwelt. Die verbleibenden positiven Vorstellungen bilden den Kern der Selbstidealisierung in Gestalt eines grandiosen Selbst. Das auffälligste Merkmal des pathologischen Narzissmus ist in beiden Fällen das unrealistische Selbstwertgefühl. Die narzisstische Dynamik äußert sich demnach in zwei gegensätzlichen Einstellungen bzw. Selbstzuständen. Sie prägen als zwei polare Manifestationsformen das Erscheinungsbild der narzisstischen Pathologie (▶ Tab. 4.1):

- Der *vermeidende Typ des pathologischen Narzissmus:* Er hat seine Wurzel in misslungenen spiegelnden Selbstobjekterfahrungen. Narzisstische Frustrationen bilden hier die Grundlage für die Entwicklung eines *Größenselbst* mit Zuständen maniformer Gestimmtheit und übersteigerter Größenphantasien in Bezug auf die eigene Person. Der vermeidende Typ verbirgt seine Sehnsucht nach Anerkennung und Bestätigung durch andere hinter einem selbstbezogenen, bisweilen rücksichtslosen, manipulativen und herablassenden Verhalten.
- Der *abhängige Typ:* Er entsteht aus der Idealisierung anderer. Durch die Idealisierung (»idealisierte Elternimago«) entsteht ein überzogenes Ich-Ideal, dessen Forderungen sich nicht erfüllen lassen. Daraus erwächst ein übertriebenes *Kleinheitsselbst* mit dysphorischer Gestimmtheit, Minderwertigkeits- und Schamgefühlen und Beziehungssucht. Es bewirkt eine

---
106 Kohut H (1971)

latente Feindseligkeit und Angst zu versagen. Dieser abhängige Typ ist durch Selbstunsicherheit, Zurückhaltung und Schüchternheit bestimmt.

Diese beiden Grundeinstellungen prägen das *bipolare Selbst*[107]. Sie können – wie bei den bipolaren affektiven Störungen – einander abwechseln. Meistens ist aber die eine oder die andere für eine längere Lebensphase persönlichkeitsprägend.

Tab. 4.1: Synonyme der zwei Typen der narzisstischen Persönlichkeit

Pole	Autor
dünnhäutig – dickhäutig	Rosenfeld (1981)
offen – verdeckt	Wink (1991)
unbeirrbar – hypervigilant	Gabbard (2005)
vulnerabel – grandios	Cain et al. (2008)
abhängig – vermeidend	in diesem Buch

Der Vermeidungstyp

»Typische« Narzissten gehören zum Vermeidungstyp, den man auch als *grandiosen Typ* bezeichnen kann. Er steht unter dem Vorzeichen von Größenphantasien, mit denen die Abhängigkeit von der Bestätigung durch andere verleugnet wird. Sie bewirken einen narzisstischen Rückzug auf sich selbst und eine übermäßige Ausrichtung des Interesses auf die eigene Person.

Selbstbezogenheit und Egoismus, Neigung zur Selbstdarstellung und ein demonstrativ selbstsicheres Auftreten sind typische Verhaltensweisen beim vermeidenden Narzissmus. Die Betroffenen verschaffen sich mit Engagement, Ehrgeiz, Charme und strahlenden Leistungen Anerkennung.

---

107 Kohut H (1971)

Meistens gelingt es ihnen, dafür bewundert zu werden. Sie fordern ständig Aufmerksamkeit und Bewunderung, sind aber selbst wenig an anderen interessiert und unfähig, sich in andere einzufühlen. In bestimmten Lebensbereichen haben sie mit ihrer Art besonderen Erfolg, etwa in der Wirtschaft in Führungspositionen oder in der Politik. Dadurch können fehlende Freundschaften, Isolation, innere Leere und Langeweile mit sich selbst lange kompensiert werden.

Größenphantasien beruhen auf einem Mangel an sicherer Bindung, auf grenzenloser Verwöhnung oder auf einem Wechsel zwischen beiden. Jedenfalls entsteht durch eine unrealistische Spiegelung ein verzerrtes Selbst. Es verbirgt eine Sehnsucht nach Beziehung und Zuwendung und eine maßlose Enttäuschung der narzisstischen Grundbedürfnisse. Dieser Hintergrund bleibt allerdings unbewusst.

Der Zusammenbruch von die Größenphantasien lässt unermessliche destruktive Phantasien und Affekte zum Vorschein kommen. Sie schlagen sich in narzisstischer Wut nieder und geben Gefühlen der Wertlosigkeit Raum. Größenphantasien repräsentieren demnach den produktiven Pol des bipolaren Selbst, indem das Selbst mit positiven, »nur-guten« Aspekten identifiziert wird und alle negativen Aspekte projektiv bei anderen untergebracht werden. Größenphantasien sind demnach eine Strategie gegen aggressive Selbstaspekte aus der gespaltenen inneren Welt.

> Herr H kam nach einem narzisstischen Zusammenbruch mit schweren Depressionen in meine Behandlung. Mit Eifer, Fleiß und Begabung hatte er nach der Lehre eine Firma gegründet, die sein ganzer Stolz geworden war. Er war angesehen und erfolgreich und arbeitete unermüdlich, so dass für anderes kein Raum und keine Zeit war. Er blieb ledig. Allerdings hatte er viel Ärger mit seinem Personal, das die Arbeit bei ihm »nur als normalen Job« betrachtete und nicht als Auszeichnung, wie er es erwartete. Das kränkte ihn. Gelegentlich hatte er Wutausbrüche, mit denen er seine Leute erschreckte. Später gab er zu, dass er sie wahrscheinlich »von oben herab« behandelt hatte. Als in der Nachbarschaft ein Konkurrenzunternehmen gegründet wurde und Erfolg hatte, begann er zu trinken. Missgünstig beobachtete er, wie seine Kundschaft sich mehr und mehr zur Konkurrenz hinwandte. Schließlich geriet sein Geschäft finanziell in einen Engpass und er musste es nach langem

inneren Kampf verkaufen, um eine Insolvenz abzuwenden. »Das war wie meine Beerdigung«, sagte er. Er wurde suizidal und konnte sich in der Therapie nur langsam erholen. Sein pathologisches Größenselbst, welches das Ansehen einer zerrütteten Kindheitsfamilie retten wollte, konnte er aber auch in der langen Behandlung nicht ablegen.

Der Abhängigkeitstyp

Der Abhängigkeitstyp wird gelegentlich auch als *vulnerabler Typ* bezeichnet. Er ist geprägt von Selbstzweifeln und Minderwertigkeitsphantasien sowie von Gefühlen der Unterlegenheit und Unvollkommenheit. Sie repräsentieren den negativen, »nur-schlechten« Pol des Selbst und der inneren Welt und die aggressiv besetzten Beziehungsrepräsentanzen nach dem Konzept: »Ich bin nichts wert, weil niemand mich für wertvoll hält«. Darin äußern sich die Spiegelungsdefizite der frühen Entwicklung und der Mangel an positiven Bindungserfahrungen in unmittelbarer Weise. Sie bewirken Leeregefühle, dysphorische Zustände und Selbstentwertung und stehen in Beziehung zu einem unermesslichen unbewussten Hass.

Zur Abwehr von depressiver Leere können andere idealisiert werden. Das geschieht aber auch, um sie vor narzisstischer Wut zu schützen. Die Idealisierung und Überschätzung der anderen ermöglicht es, an deren Größe Teil zu haben und das eigene Selbst aufzufüllen. Die Betroffenen begeben sich in Abhängigkeit, um sich durch die Kontrolle ihrer Selbstobjekte zu stabilisieren. Die Idealisierung steht aber auf tönernen Füßen. Sie kann bei schon geringen Enttäuschungen in eine vernichtende Entwertung umschlagen und einem unbändigen Hass Platz machen.

Beim Abhängigkeitstyp geben sich die Betroffenen angepasst und fügsam. Sie schaffen durch selbstlose Aufopferung Bindungen. Sie schaffen es, in anderen Schuldgefühle und Beschämung zu erzeugen, wenn sie nicht ihren Ansprüchen und Erwartungen genügen. Mit Vorwürfen und Manipulationen halten sie die anderen unter Kontrolle und bringen sie dazu, sich so zu verhalten, wie sie selbst es brauchen. Eine der stärksten Formen von Bindung sind dabei Schuldgefühle.

Frau R suchte Mitte 40 in einer schweren Krise Hilfe. Über viele Jahre hatte sie sich für ihren Ehemann aufgeopfert, der seit seiner Jugend an einem schweren Asthma litt. Solange sie sich hingebungsvoll um ihn kümmern konnte, hatte sie sich stabil und belastbar gefühlt. Sie hatte darin einen Sinn für ihr Leben gefunden. Dann war er in eine manische Phase geraten, war unvermittelt mit einer Arbeitskollegin auf Reisen gegangen und hatte ihr mitgeteilt, dass er beabsichtigte, bei dieser Frau zu bleiben. Da brach für sie eine Welt zusammen. Seither litt sie unter Ängsten, Depressionen und Schlaflosigkeit. Als er zurück war, folgten heftige Szenen zwischen den beiden, in denen er sie beleidigte, beschimpfte und auch schlug und sie ihm Undankbarkeit vorwarf.»Jetzt ist es aber Schluss mit der Bevormundung,« hatte er sie angeschrien. Trotzdem blieb sie bei ihm. Sie wollte nicht, dass ihre Tochter durch die Krise belastet würde und wollte ihr nicht antun, dass sie sich von ihrem Vater trennte. In der Diagnostik stellte sich heraus, dass Frau R, die von Beruf Krankenschwester war, ihren Mann mit ihrer Fürsorge lange in Abhängigkeit gehalten hatte und ihn kontrollierte: »Wenn ich nicht darauf achte, nimmt er seine Medikamente nicht. Ich passe darauf auf, dass er nicht wieder anfängt zu rauchen. Ich sage ihm, was er tun soll; sonst liegt er den ganzen Tag über im Bett.« Ohne ihn fühlte sie sich wertlos und ihr Leben erschien ihr sinnlos.

Pathologischer Neid

Neid ist der Hass auf das Begehrte. Kernberg[108] betont in seinem Konzept des pathologischen Narzissmus die immense Bedeutung von Neid. Er betrachtet ihn als eine Erscheinungsform der angeborenen oralen Aggression, welche das Selbst durchdringt. Er muss verleugnet werden, um das Selbst zu schützen.

Unbewusster Neid stellt ein bedeutendes Problem dar, das Beziehungen vergiftet. Narzissten zerstören damit, was sie an anderen lieben könnten oder was sie auch gern für sich hätten. Sie können andere nicht gelten lassen und ihnen den Erfolg nicht lassen. Deshalb bekämpfen und ent-

---

108 Kernberg OF (1975, 1984)

werten sie, was sie sonst anerkennen müssten. Sie eignen sich heimlich an, was andere geschaffen haben, und greifen sie an, weil sie ihnen ihre Fähigkeiten und ihre Leistungen, ihre Schönheit oder ihren Erfolg nicht gönnen. Dazu gehört übrigens in der Behandlung auch der Neid auf die Fähigkeit von Therapeuten, sie zu verstehen und ihnen zu helfen. Dieser Neid soll vor der Erfahrung schützen, abhängig und unterlegen zu sein.

Gerhard Dammann zitiert als historisches Beispiel aus der Antike Herostratos, der 356 v. Chr. aus Neid auf die Architekten seiner Zeit den Tempel von Ephesos niederbrennen ließ, angeblich um damit selbst berühmt zu werden.

Abb. 4.2: Der Artemis-Tempel von Ephesos in Ionien in der heutigen Türkei, eines der sieben Weltwunder. Er wurde 356 v. Chr. von Herostratos in einem Akt von destruktivem narzisstischen Neid niedergebrannt.

Objektverwendung und narzisstische Kollusion

Die Bedeutung anderer Menschen ist bei narzisstischen Persönlichkeiten auf die Funktion ausgerichtet, ihr Selbstgefühl durch Anerkennung und Bewunderung zu stützen und das Selbst zu stabilisieren. Diese *Selbstob-*

jektfunktion dominiert gegenüber der Objektliebe. Das macht deutlich, dass die Sucht nach Anerkennung nicht mit Sehnsucht nach Liebe verwechselt werden darf. Anerkennung dient im Sinne der Spiegelung der narzisstischen Stabilität und dem Sicherheitsbedürfnis; Liebe würde hingegen Wünsche nach libidinöser Befriedigung erfüllen.

Um sich Anerkennung zu sichern, entwickeln narzisstische Menschen typische Techniken: Der vermeidende Typ verschafft sich einflussreiche Positionen, erbringt hervorragende Leistungen und bindet durch Macht und Einfluss. Dabei bleibt oft verborgen, dass es ihm weniger um die Freude an seiner Tätigkeit und Interesse an Menschen oder Dingen geht als um den Erfolg, der seine Einzigartigkeit bestätigen und sein fragiles Selbst stabilisieren soll. Der abhängige Typ schafft seinerseits Abhängigkeiten, z. B. durch die Versorgung anderer, die oftmals als sublime Bevormundung erscheint. In beiden Fällen sind die Beziehungen labil und zerbrechen, wenn Anerkennung und Bestätigung ausbleiben. Dann ziehen die Narzissten sich in die typische Selbstbezogenheit zurück. Sie sind gekränkt und verletzt und brechen den Kontakt ab.

Im Rahmen einer narzisstischen Partnerwahl können zwei narzisstisch gestörte Menschen zusammenfinden, die sich gegenseitig als Selbstobjekt brauchen und dadurch stabilisieren. Durch gegenseitige Bewunderung oder durch ein sublimes Zusammenspiel von Idealisierung und Entwertung entsteht auf diese Weise eine narzisstische Kollusion[109].

- Bei der *symmetrischen Kollusion* wird der Andere Teil des eigenen Größenselbst. Beide bewundern sich gegenseitig und werten sich dadurch auf.
- In der *asymmetrischen Kollusion* suchen die Partner Bestätigung in der Abhängigkeit; der eine wird zum Bewunderer von Erfolgen des Anderen, während dieser es genießt, bewundert zu werden.

Bei der asymmetrischen Kollision wird der eine der Repräsentant des Größenselbst, während der andere das inferiore Selbst repräsentiert. Dabei wird die Spaltung des Selbst auf die Partnerschaft übertragen. In der Folge kann der grandiose der beiden Partner seine negativen Selbstanteile im

---

109 Willi J (1975)

inferioren deponieren und in ihm bekämpfen. Daraus kann sich eine sadomasochistische Partnerschaftsdynamik entwickeln.

Narzisstische Kollusionen können über lange Zeit Bestand haben. Da aber kein tieferes Interesse an der Person des Anderen besteht, sind sie nicht belastungsfähig und scheitern, wenn Anziehung, Macht oder Erfolg verblassen oder wenn sich ein attraktiveres Selbstobjekt in Gestalt einer (eines) Jüngeren, Schöneren, Erfolgreicheren anbietet.

> Frau W kam Ende 30 mit einem dissoziativen Syndrom in meine Behandlung. Sie berichtete, wie sie von Ihrem Mann seit Jahren gedemütigt und verachtet wurde und er sie wie seine Magd behandelte. Er war stolz auf seine Karriere als Wissenschaftler und hatte sich eine hochrangige Stellung erarbeitet, und sie bewunderte ihn. In ihrem Haus beanspruchte er mit Arbeitszimmer, Hobbyraum, Ankleide und eigenem Bad den größten Teil des Hauses, während sie im Souterrain einen dunklen Raum zugewiesen bekommen hatte. Die Ehe schien den einzigen Zweck zu haben, dass sie ihn bediente. Das schien für sie selbstverständlich. Erst später spürte sie Wut und Hass gegen ihn. Als sie genauer hinschauen konnte, mäßigten sich ihre Dissoziationen und sie begann, gegen die Unterdrückung aufzubegehren. In einem schmerzhaften Prozess erarbeiteten wir in der Therapie, dass sie sich zur Missachtung gleichsam anbot, indem sie ihre Überzeugung inszenierte, nichts wert zu sein. Schließlich entdeckte sie an sich auch Wertvolles und konnte beginnen, ein »eigenes« Leben aufzubauen.

Narzisstische Krisen

Wenn Bewunderung und Bestätigung ausbleiben, bricht die narzisstische Charakterabwehr zusammen. Das geschieht, wenn der Andere sich der Selbstobjektaufgabe entzieht und nicht mehr für Idealisierungen oder Projektionen negativer Selbstanteile verfügbar ist. Aber auch Grenzerfahrungen schwächen die narzisstische Abwehr: Wenn die körperliche Form verblasst und die geistige Spannkraft nachlässt, wenn der Erfolg sich nicht mehr einstellt oder wenn sich das Alter ankündigt und Verluste einen mit der Begrenzung des Lebens konfrontieren. Dann entstehen bedrohliche

Krisen[110]: Krisen nach Trennungen, Kränkungen und Enttäuschungen, Krisen, wenn die höchste Stufe der Karriere überschritten ist oder wenn die Kinder aus dem Haus gehen, Krisen der Lebensmitte oder wenn die Pensionierung bevorsteht oder Krisen im Angesicht von Krankheiten, drohender Hinfälligkeit oder dem bevorstehenden Lebensende.

Die Betroffenen stürzen in tiefe Verzweiflung, erleben ihr Leben leer und sinnlos und sind zutiefst enttäuscht von sich selbst und den anderen. Sie greifen zu Drogen oder Alkohol, werden aggressiv und gereizt, depressiv und suizidal. In diesen Angriffen äußert sich eine tiefgründige narzisstische Wut. Sie richtet sich gegen Menschen, die einem eine Niederlage, eine Kränkung oder einen Verlust zugefügt haben – oder gegen das Schicksal an sich. Diese Wut wird, wie bei der Depression, auch gegen die eigene Person gerichtet und verstärkt die Selbstentwertung. Auf diese Weise entsteht ein Zirkel, der schließlich in Suizidhandlungen münden kann.

Im Extremfall kommt es zur Regression und zur Fragmentierung, d. h. das Selbstgefühl kann nicht mehr aufrechterhalten werden. Ein solcher Zustand ist von heftigen narzisstischen Affekten begleitet: von Wut, Angst, sexueller Erregung und Entfremdungserleben. Unter Umständen entwickelt sich im Rahmen der Regression sogar vorübergehend eine psychotische Symptomatik mit Verfolgungsideen und paranoiden Ängsten.

Als Gegenbewegung gegen die Dekompensation werden alle verfügbaren Abwehrmechanismen aufgeboten, vor allem Entwertung der enttäuschenden Anderen: Das verletzende oder abwesende Selbstobjekt wird herablassend und zynisch behandelt. Es wird aufgegeben, es kommt zum Kontaktabbruch. Der nächste Schritt ist der narzisstische Rückzug in die Welt der Größenphantasien. Er führt zur Verleugnung des Verlustes und des Schmerzes durch ein kühles oder herablassendes Verhalten.

> Frau S war eine 80-jährige Frau, die viele Jahrzehnte lang mit ihrem Mann in enger Verbundenheit gelebt hatte, bevor er vor zwei Jahren im hohen Alter verstarb. Er war ein »wunderbarer Mann«, angesehen als Hochschulprofessor und geachtet als Gesellschafter wegen seiner Bildung und seines gewinnenden Auftretens. Sie hatten eine »wunderba-

---

110 Henseler H (1974)

re« Ehe gehabt, er habe sie auf Händen getragen und alles für sie getan. An Krisen kann sie sich nicht erinnern.

Seit ihr Mann verstorben war, fühlte sie sich »wie versteinert«. Ihr sei, als habe sie »sich selbst verloren«. Sie wirkte starr und latent feindselig, als würde sie jeden Augenblick einen Angriff erwarten. Sie war völlig ratlos, was sie vom Leben noch erwarten und was sie noch daraus machen könnte. Sie mied Menschen und pflegte keine Kontakte mehr. Sie zweifelte auch, ob Gespräche ihr etwas bringen könnten. Ihren Mann brächten sie ihr ja nicht zurück.

Narzissmus und Strukturniveau

Die heutige Auffassung des pathologischen Narzissmus geht davon aus, dass der Narzissmus auf verschiedenen strukturellen Entwicklungsebenen angesiedelt sein kann (▶ Kasten 4.1, ▶ Tab. 4.2). Für unseren Zusammenhang interessiert die Abgrenzung zwischen dem niederen und dem mittleren Strukturniveau.[111]

Das *niedere Niveau* entspricht der Borderline-Persönlichkeitsorganisation und zeigt nach Kernberg[112] die Charakteristika der Identitätsdiffusion und der »primitiven«, d. h. entwicklungspsychologisch frühen Abwehr mit Spaltung, projektiven Mechanismen sowie primitiver Idealisierung und Verleugnung bei einem fragilen Realitätsbezug. Hier dominiert die Strukturpathologie. Das führt dazu, dass unter Belastungen die abgewehrten grandiosen oder inferioren Anteile aufbrechen und – zum Schutz des Selbst – komorbide Syndrome bilden.

Das *mittlere Strukturniveau* kann auch als »präödipale Persönlichkeitsorganisation« beschrieben werden. Es hat eine Zwischenstellung zwischen dem niederen und dem höheren Strukturniveau bzw. der neurotischen Persönlichkeitsorganisation. Die narzisstischen Merkmale sind deutlich geringer ausgeprägt und weniger bizarr und die Lebens- und Beziehungsgestaltung ist weniger beeinträchtigt. Neben zumeist verdeckten struktu-

---

111 Zur Strukturdiagnostik verweise ich auf mein Lehrbuch: Ermann M (2020) Psychotherapie und Psychosomatik, insbesondere Kapitel 4
112 Kernberg OF (1975)

rellen Störungen finden wir hier eine neurotische Konfliktpathologie. Sie bewirkt, dass bei Dekompensationen klinische Syndrome entstehen, die nach dem Muster einer Neurose aufgebaut sind und hier als »narzisstische Neurosen« bezeichnet werden.

Tab. 4.2: Narzissmus auf niederem und mittlerem Strukturniveau im Vergleich

	Niederes Strukturniveau (Borderline-Persönlichkeitsorganisation)	Mittleres Strukturniveau (Präödipale Persönlichkeitsorganisation)
Persönlichkeitsorganisation	labil und von Desintegration bedroht	mäßig stabil und belastbar
Entwicklungsposition[113]	schizoid-paranoid	depressiv
Selbstrepräsentanz	bipolares Selbst mit ausgeprägten Abwehrstrukturen: Größen- und Kleinheitsselbst	mäßig integriertes Selbst, labile Selbstwert-Regulation
Objektrepräsentanz	gering integriert: idealisierte oder aggressive Teilobjekte	mäßig integriert
Objektverwendung	Objektangewiesenheit: Selbst-schützendes Teilobjekt	Objektabhängigkeit: bestätigendes Selbstobjekt
Objektfunktion	Halten und Spiegelung	Anerkennung und Bestätigung
Angstabwehr	Spaltung, Verleugnung, Projektion	Idealisierung/Entwertung
zentrale Angst	Fragmentierungsangst	Objektverlustangst

---

113 nach Melanie Klein (1932, 1915)

Narzissmus auf niederem Strukturniveau

Beim niederen strukturellen Entwicklungsniveau entwickelt der pathologische Narzissmus sich als schwere narzisstische Persönlichkeitsstörung. Es misslingt ein erfüllendes und angepasstes Leben. Es bestehen ein ausgeprägtes bipolares Selbst, Identitätsdiffusion, verzerrte Selbst- und Objektrepräsentanzen und ein unrealistisches Selbstwertgefühl.

Identitätsdiffusion, das grandiose und das inferiore Selbst

Das pathologische Selbst beruht auf einer mangelhaften Verschmelzung der grandiosen und inferioren Aspekte des bipolaren Selbst. Daraus resultiert eine Identitätsdiffusion. Sie zeigt sich in chronischer Selbstunsicherheit, Unentschlossenheit, Initiativ- und Ziellosigkeit. Die Patienten wissen nicht, was sie wollen und was sie mit sich anfangen sollen.

Bei den schweren narzisstischen Persönlichkeitsstörungen wird die Polarisierung im Selbst aufrechterhalten und durch Projektionen verstärkt und fixiert. Dabei wird der jeweils eine Teil nach außen verlagert, während das Selbst mit dem anderen Teil verbunden bleibt. Auf diese Weise wird entweder das grandiose oder das inferiore Selbst beherrschend für das Selbsterleben, während der abgespaltene und nach außen verlagerte Teil an Objekte gebunden wird.

Für den von seinem Größenselbst beherrschten Narzissten werden die Objekte im Außen zum Träger allen Übels; sie werden verachtet. Dagegen idealisiert der vom Kleinheitsselbst dominierte Narzisst die Objekte und sieht in ihnen nur das Gute.

In einem weiteren Schritt wird die Spaltung des Selbst noch verstärkt, indem das Größenselbst sich zusätzlich mit den positiven Aspekten der Objekte identifiziert und sich diese aneignet, während das Kleinheitsselbst Negativaspekte der idealisierten Objekte in sich aufnimmt.

Als Ergebnis finden wir bei den schweren narzisstischen Persönlichkeitsstörungen eine gespaltene Welt der Selbst- und Objektrepräsentanzen:

- Im Falle des *Vermeidungstyps* ein aufgeblähtes grandioses Selbst in einer Welt verächtlicher Objekte,
- im Falle des *Abhängigkeitstyps* ein inferiores Selbst mit Selbstzweifeln und Minderwertigkeitserleben in einer Welt idealisierter Objekte.

Beide Konstellationen stehen in einer dynamischen Beziehung zueinander: Das grandiose Selbst kann in Krisen abstürzen und in ein inferiores umschlagen. Ebenso kann ein Kleinheitsselbst Züge eines Größenselbst entwickeln, wenn die Idealisierung der Objekte misslingt und ein narzisstischer Rückzug entsteht. Dieser Wechsel ist typisch für die bipolaren affektiven Störungen.

> Herr K war ganz in sein Größenselbst verliebt. Er war ein »ewiger« Architekturstudent, der mit Ende 20 in meine Behandlung kam. Seine Freundin, mit der er seit einigen Jahren zusammenlebte, hatte ihm ultimativ eine Psychotherapie angeraten, nachdem er jahrelang den Abschluss seines Studiums hinausgezögert hatte. Sie war Anwaltsgehilfin und finanzierte das gemeinsame Leben, seit er keine Studienunterstützung mehr bekam. Sie hatte einen Kinderwunsch für die Zeit nach seinem Examen. Mit erschwindelten ärztlichen Bescheinigungen war es ihm gelungen, seine Exmatrikulation wegen Überschreitung der Studienzeiten zu verhindern. Die Hochschule hatte er aber seit drei Semestern nicht mehr betreten. Er befasste sich stattdessen mit Architekturprojekten, die er für die Zeit nach seinem Abschluss plante und als Semesterarbeiten einreichte. Darunter waren so grandiose Projekte wie die Überdachung des Stuttgarter Talkessels mit einem riesigen Glasdach. Meine Bedenken wegen der Machbarkeit konnte er nicht teilen; Sorge machte ihm nur die Belüftung bei einem sich verschärfenden Klimawandel.

Die Erfahrung zeigt, dass der psychopathologische Entwicklungshintergrund der schweren narzisstischen Persönlichkeitsstörungen auf niederen Strukturniveau auch bei anderen niederstrukturierten Störungen nachweisbar ist. Disponierend sind Lieblosigkeit, Vernachlässigung und umfangreiche Mangelerfahrungen bis hin zu Gewalt. Es kann daher nicht überraschen, dass die narzisstische Pathologie bei manchen Patienten gemeinsam mit anderen Störungen der Persönlichkeitsentwicklung auf niederem Strukturniveau in Erscheinung tritt. Diese geben dann als komorbide Störungen dem Gesamtbild ein komplexes Gepräge.

Hier sind vor allem die Borderline-Persönlichkeitsstörungen zu nennen, aber auch andere Verhaltens- und Persönlichkeitsstörungen, die einen ähnlichen entwicklungspsychologischen Hintergrund haben (▶ Kasten 4.3).

Kasten 4.3: Häufige komorbide Störungen beim niederstrukturierten Narzissmus

- Borderline-Persönlichkeitsstörungen, Borderline-Syndrome
- Schwere affektive Störungen
- Schwere Zwangsstörungen
- Dissoziative Störungen
- Essstörungen
- Psychosomatosen
- Sucht
- Sexuelle Verhaltensstörungen
- Chronische Suizidalität
- Andere schwere Persönlichkeitsstörungen (schizoide, paranoide, antisoziale usw.)

Maligner und antisozialer Narzissmus

Als Sonderformen der schweren narzisstischen Persönlichkeitsstörung beschreibt Rosenfeld[114] den *negativen* und Kernberg[115] den *malignen* Narzissmus. Er kommt nach Kernberg dadurch zu Stande, dass das Größenselbst und die Ideale völlig von Aggressionen durchsetzt sind, während Rosenfeld eine besondere Stärke des kindlichen Neides annimmt. Dieser destruktive Narzissmus ist durch intensive pathologische Aggression und

---

114 Rosenfeld H (1971)
115 Kernberg OF (1984)

antisoziale Züge charakterisiert. Antisoziales Verhalten kann aktiv aggressiv oder passiv ausbeutend sein. Aktiv sind Wutausbrüche, Sadismus und körperliche Gewalt, passiv Lügen und Betrug. Außerdem bestehen aufgrund von projizierter destruktiver Aggression paranoide Züge.

Davon grenzt Kernberg die *antisoziale Persönlichkeitsstörung* ab. Hier ist die aggressive Durchdringung der Persönlichkeit extrem. Es bestehen keinerlei mäßigende Introjekte und es fehlt jede Fähigkeit, betroffen zu sein und Schuldgefühle zu empfinden.

Entstehung und Disposition

Wie kommen Störungen und Fixierungen in der frühen Selbstentwicklung zu Stande? Wir können heute als allgemeine Basis ausgeprägte negative Beziehungserfahrungen und Bindungsstörungen im ersten Lebensjahr annehmen.[116] Sie verursachen, dass die archaischen narzisstischen Motivationen – insbesondere das Bedürfnis nach Sicherheit, Anerkennung und Resonanz – nicht durch spiegelnde und haltende Objekterfahrungen gemäßigt und »gezähmt« werden. In der Folge werden für die archaischen Affekte – insbesondere Wut, Neid und Scham – keine Repräsentanzen gebildet. Nicht-symbolisierte Affekte können aber nicht integriert werden. Sie bewirken, dass Fragmente des archaischen Selbst bestehen bleiben und sich eine verzerrte, durch Spaltungen geprägte Selbstrepräsentanz herausbildet, die den Kern des pathologischen Narzissmus abgibt.

Danach sind materielle und emotionale Mangelerlebnisse sowie Vernachlässigung und Traumatisierungen in der frühen Entwicklung ursächlich an der Entstehung des pathologischen Narzissmus beteiligt. Auch genetische Dispositionen wie übermäßige Affekt- und Triebstärke kommen in Betracht. Es spricht auch viel dafür, dass der gesellschaftliche und sozioökonomische Wandel dysfunktionale Beziehungen in der prägenden Zeit der Kindheit und einen pathologischen Narzissmus fördern.[117]

Es gibt eine Vielzahl von familiären Konstellationen, die bewirken, dass angemessene Spiegelungsprozesse und eine stabile Bindung nicht zu

---

116 Stern D (1985), Fonagy P (2001)
117 Lasch C (1979)

Stande kommen. Allen voran stehen Missbrauch, Gewalt und traumatische Erfahrungen. Dabei blicken wir heute mit Erschrecken auf die Schicksale, die kleine Kinder angesichts von Krieg, Flucht und Vertreibung erleiden. Aber auch alltäglichere Belastungen können die Selbstentwicklung beeinträchtigen, wenn sie nicht durch andere Erfahrungen ausgeglichen werden: Emotionale Vernachlässigung, wenig Zuwendung, ungewollte Schwangerschaft und offene Ablehnung des Kindes, Gewalttätigkeit in Familien, Zerrüttung, materielle Not und Unsicherheit, Krankheit in der Familie, insbesondere Depressionen der Mutter und Psychosen sowie schließlich Probleme und Überlastung im Beruf, um nur einige Möglichkeiten zu nennen.

Präödipaler Narzissmus auf mittlerem Strukturniveau

Menschen mit einer narzisstischen Persönlichkeit auf mittlerem Strukturniveau gelingt im Allgemeinen eine befriedigende Lebens- und Beziehungsgestaltung. Narzisstische Charakterzüge sind verborgen und werden erst in Krisen spürbar. Es besteht kein besonderer Leidensdruck. Die Persönlichkeit ist gut bis mäßig integriert. Die narzisstische Persönlichkeit ist somit als solche keine Störung. Sie kann über lange Zeit stumm bleiben. Sie kann aber auch zur Matrix werden, aus der sich klinische Syndrome entwickeln, die hier als *narzisstische Neurosen* beschrieben werden. Sie stellt also ein Erkrankungsrisiko dar.

Zunächst aber zum mittleren Strukturniveau der Persönlichkeitsorganisation. Es wird auch als präödipale Persönlichkeitsorganisation bezeichnet. Es ist dadurch gekennzeichnet, dass die narzisstische Entwicklungspathologie mit einer neurotischen Konfliktpathologie zusammenwirkt.[118] Sie steht zwischen der reiferen neurotischen Entwicklungs-

---

118 vgl. meine Darstellung des mittleren Strukturniveaus in Ermann (2020), Kapitel 4.3

stufe und der Borderline-Persönlichkeitsorganisation (▶Kasten 4.4). Kernberg[119] spricht von einer »höheren Stufe« oder einem »hohem Niveau« der Borderline-Persönlichkeitsorganisation oder auch von einer »Zwischenstufe der Persönlichkeitsstörungen«. Die operationalisierte psychodynamische Diagnostik (OPD)[120] spricht von einem mäßig integrierten Strukturniveau.

Kasten 4.4: Merkmale des mittleren Strukturniveaus der Persönlichkeitsorganisation

- Persönlichkeitsorganisation zwischen Entwicklungs- und Konfliktpathologie
- Ausreichend stabil entwickelte Ichfunktionen, die aber unter narzisstischen Belastungen dysfunktional werden (Ich-Regression)
- Abwehr und Bewältigung zwischen dem niederen (Spaltung, Projektion, Verleugnung) und höheren (Verdrängung) Funktionsniveau
- Relativ stabile Selbst-Objekt-Abgrenzung
- Mäßig bis gut integrierte Selbst- und Objektrepräsentanzen
- Überwiegend dyadische Beziehungsstruktur, Ansatz zur Triade (Triangulierung)
- Dominanz des Autonomie-Abhängigkeits-Komplexes
- Trennungs- und Verlustängste, bei Regression Fragmentierungsängste
- Unter Belastungen Regression zum niederen Strukturniveau

Entwicklungspathologie

Die narzisstische Pathologie ist beim mittleren Strukturniveau im Vergleich zum niederen weniger prägnant und weniger deutlich ausgeprägt. Sie ist häufig hinter angepassten alltäglichen Verhaltens- und Erlebnis-

---

119 Kernberg OF (2000), S. 51/52
120 Arbeitskreis OPD (2006)

mustern verborgen und wird erst bei genauerer Auswertung der Psychodynamik und der Auslösesituation und in der Übertragung fassbar. Diesen Patienten ist die Integration der negativen und positiven Aspekte des Selbst und der Objektrepräsentanzen ansatzweise gelungen. Spaltungsprozesse sind in den Hintergrund getreten. Der Blick auf sich selbst und andere ist umfassender geworden. Die Schwarzweiß-Perspektive ist durch ein facettenreicheres, realistischeres Bild abgelöst. Affekte können ausgehalten werden. Die Angewiesenheit auf Selbstobjekte hat sich abgeschwächt. Neben die Selbstobjektfunktion ist Objektliebe getreten. Vor diesem Hintergrund ist den Betroffenen streckenweise ein erfüllendes Leben mit befriedigenden Beziehungen möglich.

Als wichtigstes Merkmal des präödipalen Narzissmus erscheint eine überhöhte Kränkbarkeit und Verletzlichkeit, verbunden mit einer Neigung zum narzisstischen Rückzug, der vor verborgenen Unwertphantasien schützt. In Behandlungen kann man den Rückzug genauer untersuchen und findet Fragmente eines unrealistischen Selbstbildes mit überhöhten Selbstidealen und Ansprüchen und einer andauernden Enttäuschungsbereitschaft. Dahinter lauert narzisstische Wut, oft verbunden mit Neid auf andere und mit Missgunst auf deren Ansehen, Erfolge und Fähigkeiten.

Als Kern des präödipalen Narzissmus bleibt bei genauerer Betrachtung der Psychodynamik nicht verborgen, dass die Patienten auf Zuwendung und Bestätigung angewiesen sind, um stabil zu bleiben. Durch sublime Kontrolle und Idealisierung sichern sie sich Zuwendung; durch Abwertung und herablassendes Verhalten oder Rückzug versuchen sie, sich vor Kränkungen zu schützen. Das verweist auf ihr labiles Selbst. Ein markantes Größenselbst ist im Allgemeinen aber nicht zu erkennen.

An Stelle von Spaltungsprozessen finden wir beim präödipalen Narzissmus auf mittlerem Strukturniveau Idealisierung und Entwertung als typische Stabilisierungsstrategie. Andere werden idealisiert, solange sie eine stützende Funktion als Selbstobjekt erfüllen, vor allem solange sie Bestätigung und Bewunderung gewähren. Um sich Zuwendung zu sichern, werden Autonomie und eigene Interessen verleugnet; stattdessen passen die Betroffenen sich anderen an und reagieren auf eigene Bedürfnisse mit Schuldgefühlen. Sie entwickeln ein »falsches Selbst«[121]. Wenn

---
121 Winnicott DW (1960)

Anerkennung ausbleibt, werden die anderen entwertet, indem die Beziehung zu ihnen verleugnet oder aufgegeben wird. So entsteht ein narzisstischer Rückzug, der eine Pseudo-Unabhängigkeit vorgibt.

Auf dieser Basis kann man auch beim präödipalen Narzissmus die beiden Typen der narzisstischen Bewältigung erkennen, die wir beim Narzissmus auf niederem Strukturniveau bereits kennengelernt haben: den grandiosen *Vermeidungstyp* und den inferioren *Abhängigkeitstyp*. Sie sind allerdings auf diesem Strukturniveau sehr viel weniger scharf konturiert. Dabei erscheint der Abhängigkeitstyp beim mittleren Strukturniveau sehr viel häufiger als der Vermeidungstyp.

Insgesamt besteht beim präödipalen Narzissmus über weite Strecken eine intakte Lebensgestaltung. Unter spezifischen narzisstischen Belastungen, insbesondere beim Verlust stabilisierender Strukturen (Arbeit, Beruf) und Beziehungen (Selbstobjekte), kann es aber zur Destabilisierung der Bewältigungsstrategien kommen. Dann entsteht eine strukturelle Regression, welche die Defizite in der Selbstregulation offenlegt. Das Selbstwertgefühl droht dann zusammenzubrechen. Es entstehen Ängste um das Selbst und narzisstische Wut. Sie werden durch Symptombildungen in Form der sog. narzisstische Neurosen in Schach gehalten.

Konfliktpathologie

Das Vorhandensein einer Konfliktpathologie unterscheidet das mittlere von niederen Strukturniveau. Dabei kommt beim präödipalen Narzissmus im Allgemeinen ein Autonomie-Abhängigkeits-Konflikt im aktiven Modus zum Tragen. Er ist der narzisstischen Entwicklungsdynamik geschuldet und hat seine Wurzel in dem Spannungsverhältnis zwischen narzisstischer Objektangewiesenheit, Kränkungen, narzisstischem Rückzug und autonomen Selbstbehauptungsstrebungen. Daneben wird zumeist ein Selbstwertkonflikt mit einer hohen Ambivalenz in Bezug auf das Selbstwertgefühl deutlich. Es schwankt zwischen Herabsetzung und Überhöhung des Selbstwertes, zwischen Minderwertigkeitsgefühl und Selbstüberschätzung. Diese Konflikte treten im aktiven und im passiven Modus auf:

- Beim *Vermeidungstyp* herrscht der aktive Konfliktmodus vor. Die Patienten verleugnen Abhängigkeit und bewältigen Verletzungen und Kränkungen durch narzisstischen Rückzug. So entwickelt sich eine Pseudo-Unabhängigkeit zum Schutz des Selbst.
- Beim *Abhängigkeitstyp* steht der passive Konfliktmodus im Vordergrund. Autonomiestrebungen werden verleugnet und die Beziehung zu anderen, von denen man sich abhängig fühlt, durch kontrollierendes Verhalten und durch Schuldzuweisungen gesichert.

In diesem Spannungsfeld entstehen als spezifische Affekte Schamgefühle und narzisstische Wut. Die Wut richtet sich gegen andere (»Seht, das tut ihr mir an!«), aber auch gegen einen selbst (»Schande, das lass ich mit mir machen!«). Sie wird unter dem Verdikt des Überich und aus Sorge um den Anderen abgewehrt und bildet den Kern der symptomauslösenden Dynamik.

»Narzisstische Neurosen«

Wie wir gesehen haben, stellt die präödipale Persönlichkeitsorganisation ein Krankheitsrisiko dar und bildet eine Disposition dafür, bei Kränkungen des Narzissmus und Verletzungen des Selbst zu dekompensieren. Die Abhängigkeit von Zuwendung, Anerkennung und Bestätigung enthält ein beständiges Enttäuschungspotenzial. Es besteht die Gefahr, dass die Abwehr der Wut unter spezifischen Belastungen versagt.

Wenn das geschieht, öffnet sich – ähnlich wie bei neurotischen Störungen – der Weg zu einer Dekompensation. Es kommt zur Regression, in der narzisstische Wut aufbricht und bewältigt werden muss. So entstehen klinische Syndrome als neurotischer Kompromiss. Sie bilden die größte Gruppe von Störungen, mit der wir es in der psychotherapeutischen Praxis zu tun haben. Wir bezeichnen sie als neurotische Störungen bei narzisstischer Persönlichkeit oder einfach (mit Kohut[122]) als *narzisstische Neurosen*

---

[122] Kohut H (1973). Wie im 2. Kapitel erwähnt, hat Freud (1914) den Begriff zur Bezeichnung von Psychosen verwendet, was heute als überholt gilt.

(▶ Kasten 4.5). Denn die Bewältigung entspricht strukturell jener bei der Neurosenentstehung.

Die spezifischen Belastungen in der Auslösesituation sind insbesondere Kränkungen, die andere einem zufügen. Das geschieht zumeist in der Partnerschaft oder im beruflichen Zusammenhang, wenn die Leistungen und das Engagement nicht genügend gewürdigt werden. Viel schlimmer noch ist der Verlust von Personen, von deren Zuwendung als Selbstobjekt man abhängig ist. Ein solcher Verlust bedroht das Selbstgefühl mit einem Zusammenbruch.

**Kasten 4.5: Narzisstische Neurosen
(Neurotische Störungen bei präödipaler narzisstischer Persönlichkeit)**

- Am häufigsten sind mittelschwere *depressive Syndrome* mit Grübeln über den Selbstwert, Erschöpfung und somatoformen Symptomen.
- Sehr häufig sind auch *Angststörungen* mittleren Grades, insbesondere phobische und hypochondrische Angststörungen.
- Ebenfalls sehr häufig sind somatoforme Störungen, insbesondere *Somatisierungsstörungen* als Affektäquivalente.
- Im Übrigen ist bei allen Symptomneurosen auf mittlerem Niveau zu bedenken, welchen Anteil daran eine narzisstische Psychodynamik hat.

Frau L war Ende 40, als sie erneut in die Behandlung kam. Sie war unverheiratet, arbeitete als Sozialarbeiterin und lebte allein in der Nähe ihrer Eltern, die sie fast täglich sah. Als sie kam, war sie seit Monaten krankgeschrieben. Sie hatte vor 10 Jahren wegen depressiver Zustände eine Psychotherapie absolviert, die ihr gut getan hatte. Sie hatte sich damals in ihrem Beruf durch zunehmende Aufgaben total verausgabt, aber niemand habe das gewürdigt. In der Behandlung sei ihr bewusst geworden, dass sie sich total überfordert hatte, weil sie sich nicht abgrenzen konnte. »Ich wollte niemand vor den Kopf stoßen ... Ich fühlte mich so schlecht, wenn ich jemand zurückweisen würde.« Auch gegenüber ihren Eltern konnte sie sich nicht abgrenzen. Das wurde vor einigen Monaten wieder zum Problem, als diese ihr altes Haus zu renovieren begannen und von ihr erwarteten, dass sie sich während dieser Zeit mehr um ihren Haushalt kümmern sollte. Sie wusste nicht, wie sie sich da heraushalten konnte. Sie entwickelte wieder Depressionen und konnte nicht schlafen. Sie wollte es den Eltern rechtmachen, aber sie wollte auch nicht mehr zu allem Ja und Amen sagen.

Präödipale narzisstische Persönlichkeitsstörungen

Narzisstische Persönlichkeitsstörungen auf dem mittleren strukturellen Entwicklungsniveau mit überdauernden dysfunktionalen Charakterzügen und Verhaltensmustern, die ein subjektives Krankheitsgefühl erzeugen, sind in der psychotherapeutischen Praxis eher selten. Jedenfalls suchen die Betroffenen keine Behandlung, denn sie führen im Allgemeinen ein angepasstes und befriedigendes persönliches und soziales Leben und sind in der Lage, Beziehungen konstruktiv zu gestalten und aufrechtzuerhalten. Im Alltag erscheinen sie daher weitgehend angepasst und unauffällig. Im Allgemeinen besteht kein Leidensdruck und Krankheitswert.

In der Praxis begegnen wir Patienten mit diesen Persönlichkeitsstörungen im Zusammenhang mit partnerschaftlichen, familiären und beruflichen Problemen. Sie kommen mit Beziehungskrisen, nach beruflichem Scheitern oder mit Lern- und Arbeitsstörungen. Gelegentlich besteht eine dysphorische Verstimmung, bisweilen eine Schlafstörung oder andere psychovegetative Beeinträchtigungen.

Der Narzissmus zeigt sich in einer übermäßigen Empfindsamkeit, Kränkbarkeit und Gereiztheit oder in unrealistischen Erwartungen oder Ansprüchen an sich selbst und andere. Insbesondere entstehen dadurch Beziehungsprobleme in Partnerschaften und im beruflichen Bereich. Manchmal besteht eine Selbst- und Identitätsunsicherheit, die sich in Motivationsstörungen und Schwierigkeiten bei Planungen und Entscheidungen niederschlägt.

Herr A war ein junger Student, der mehrfach durch sein Examen gefallen war und darüber eine Furcht vor der nächsten Prüfung entwickelt hatte. Bereits im Erstgespräch zeigte sich, dass er völlig überzogene

Ansprüche an sich selbst stellte. Er hatte es aber versäumt, Lernpläne zu erstellen, mit denen er seine Studien strukturieren konnte. Er war im Zwiespalt zwischen einem perfektionistischen Ideal und einer Nachlässigkeit, als hätte er es nicht wirklich nötig, für die Prüfungen systematisch zu lernen.

Die Struktur des präödipalen Narzissmus

Für das Verständnis des präödipalen Narzissmus ist die Beurteilung der Ich-Organisation und der Repräsentanzen unentbehrlich. Dabei stellen wir Folgendes fest:

- *Stabilität:* Die Ich-Organisation ist beim mittleren Strukturniveau soweit stabil, dass sie den üblichen Belastungen standhält. Das ermöglicht es, weitgehend befriedigende Beziehungen einzugehen, soziale Funktionen auszuüben oder erfolgreich zu arbeiten.
- *Differenzierung:* Selbst und Objekt werden genügend sicher voneinander abgegrenzt. Solange depressiv-narzisstische Patienten also nicht auf ein niederes Strukturniveau regrediert sind, können sie gut zwischen dem Eigenen und den Anderen unterscheiden.
- *Selbst-Kohärenz:* Es besteht ein mäßig kohärentes Selbst, d.h. das Selbsterleben ist leicht störbar. Ein pathologisches Größenselbst ist im Allgemeinen jedoch nicht zu erkennen. Dagegen findet man häufig Kleinheitsphantasien und Minderwertigkeitsgefühle, Scham und Selbstzweifel.
- Die *Abwehr* liegt zwischen Verdrängung und Spaltung. Sie bewegt sich zwischen den Polen Idealisierung und Entwertung: Selbstobjekte werden idealisiert, solange sie Erwartungen erfüllen, und entwertet, wenn sie versagen und enttäuschen.
- Als *zentrale Angst* erscheint vordergründig die Angst vor einem Verlust von Selbstobjekten. Dahinter steht jedoch eine Fragmentierungsangst, d.h. die Angst vor einem Selbstverlust, sowie Angst vor der eigenen Wut. Die Angst um das Selbst wird bei der Hypochondrie (Angst um den Körper) zum Symptom.

- Die *Selbst- und Objektrepräsentanzen* sind soweit integriert, dass sie zur Bewältigung des Alltags taugen. Das bedeutet, dass Widersprüche im Selbstbild und in der Wahrnehmung der Anderen im Alltag ausgehalten werden können.
- *Objektverwendung:* Als wegweisendes Merkmal des Narzissmus gilt auch beim mittleren Strukturniveau die Verwendung anderer als Selbstobjekt, um Stabilität zu erlangen. Daraus entwickeln sich narzisstische Partnerschaftsbeziehungen, in denen es mehr um Anerkennung und Bestätigung geht als um Liebe.

Entwicklungshintergrund

Für die Entstehung des präödipalen Narzissmus ist das zweite und dritte Lebensjahr besonders bedeutungsvoll. Es ist von der beginnenden Autonomieentwicklung geprägt. Ging es beim Narzissmus auf niederem Strukturniveau um die Integrations- und Differenzierungsprozesse der Individuationsentwicklung, so geht es jetzt darum, die Autonomie getrennter Existenzen – auch der eigenen – anzuerkennen und zuzulassen, dass wir im Leben unseren eigenen Weg gehen müssen. Dazu ist es erforderlich, eigene Ideale und Ziele aufzubauen und das Gefühl für die eigene Identität zu stabilisieren.

Ähnlich wie in der Individuationsentwicklung erfordert dieser Schritt eine wohlwollende Begleitung, Spiegelung und Bestätigung, zumal die psychischen Strukturen in dieser Entwicklungsphase noch labil sind. Abhängigkeiten müssen gelöst und damit verbundene Ängste und Schuldgefühle verarbeitet werden. Selbstfindung und Selbstbehauptung werden zu zentralen Themen, wenn expansive Bedürfnisse sich stärker entwickeln. Wohlwollende Begleitung wirkt dabei als Anerkennung und Bestätigung, dass die eigenen Bedürfnisse eine Berechtigung haben.

Eltern müssen zu ihrem Kind ein liebevolles Verhältnis haben, damit es seinen eigenen Weg gehen und sich verwirklichen kann. Ambivalenzen, Ablehnung oder Anklammerung von Seiten der Eltern stellen positive und negative Bindungen dar. Scham- und Schuldgefühle auf Seiten der Kinder blockieren den Weg in die Autonomie. Anerkennung der Entwicklungsschritte, der Fähigkeiten und Leistungen durch die Eltern wirken dagegen stabilisierend. Sie vermitteln die Sicherheit, dass niemand Schaden nimmt, wenn das heranwachsende Kind seinen eigenen Bedürfnissen folgt. Dabei rückt der Vater als ein bedeutendes trianguläres Objekt in den Blickpunkt.[123] Als interessierter und anziehender Dritter verkörpert er den ersehnten Helden, der die immer enger werdende dyadische Beziehung zur Mutter öffnet. In der normalen Entwicklung repräsentiert er Werte, Ideale und Ziele, die das Selbst erweitern. Durch eine liebevolle Beziehung zur Mutter hilft er ihr, ihr Kind loszulassen. Eine harmonische Beziehung zwischen den Eltern und annehmende Zugewandtheit in der Familie sind der beste Schutz gegen narzisstische Fixierungen in dieser Entwicklungsstufe.

Kindern, die an die Erwachsenen narzisstisch gebunden geblieben sind und von ihnen als Selbstobjekte gebraucht werden, z. B. als Partnerersatz, können diese Erfahrungen nicht machen. Bei ihnen blockiert die Objektbindung den Schritt in eine gewachsene Autonomie. Diese Kinder leben das Leben von anderen. Sie entwickeln ein »falsches Selbst«[124] mit untergründiger Wut und Hass gegen die, die sie für ihre Zwecke missbrauchen oder die sich – wie im Falle der »abwesenden« Väter – bei der Begleitung ihrer Entwicklung versagen. Emotional bleiben sie aber angewiesen auf deren Zuwendung und Anerkennung. Später, als Patienten, spüren sie das und verbeißen sich in Vorwürfe gegenüber den Eltern. Viele wenden ihre aggressiven Affekte in masochistischer Weiterverarbeitung gegen sich selbst.

---

123 Abelin E (1971), Ermann M (1985)
124 Winnicott DW (1960)

5. Vorlesung
Konzepte zur Behandlung narzisstischer Störungen

Nach dem Exkurs in die Erscheinungsformen, Struktur und Dynamik des pathologischen Narzissmus beschäftigen wir uns in dieser Vorlesung mit seiner Behandlung. Dabei gehe ich zuerst auf den Freud'schen Ansatz ein, komme kurz zu den Ansätzen von Balint und Winnicott, um dann ausführlicher das Behandlungskonzept der Selbstpsychologie und seiner Weiterentwicklungen zu betrachten und diesem den integrativen Ansatz von Otto Kernberg gegenüberzustellen.

Der Freud'sche Ansatz

Ich habe bereits mehrfach in dieser Vorlesungsreihe erwähnt, dass der Narzissmus von Freud und der klassischen Psychoanalyse als ein psychotisches Phänomen betrachtet und für unanalysierbar gehalten wurde. Dennoch gibt es Ansätze, mit der metapsychologischen Konzeption zu einer Behandlung narzisstischer Störungen zu gelangen. Diese Ansätze zentrieren vor allem auf den Narzissmus als Abwehrstruktur und konzentrieren sich auf die Analyse des Größenselbst. Das Größenselbst und seine Manifestationen – die Überheblichkeit und die Verachtung des Objektes – wird dabei vor allem als Abwehrformation betrachtet, welche der Narzisst seinen immensen Abhängigkeitssehnsüchten und -wünschen entgegensetzt. Die psychoanalytische Technik wird bei diesem Ansatz nicht besonders modifiziert. Das Ziel besteht darin, durch Übertragungs- und

Widerstandsanalyse die pathogenen Konfigurationen der Störung offen zu legen und zu einer Integration zu gelangen. Übertragung wird dabei objektbezogen verstanden, d. h. als libidinöse, auf das Objekt gerichtete Einstellung. Dem steht die narzisstische Besetzung des Selbst gegenüber. Letztlich geht es in diesem Ansatz darum, die gegensätzlichen Besetzungen aus ihren Fixierungen zu befreien. Dabei spielt die Analyse des Überichs und der Ich-Ideale eine besondere Rolle.

Beispielhaft für diesen Ansatz nenne ich das Konzept, das Hermann Argelander seiner Fallstudie über den *Flieger* zu Grunde gelegt hat.[125] Er betrachtet das »ozeanische Gefühl«[126] des Wohlbehagens als das Ziel des Narzissmus, ein Gefühl der umfassenden Verbundenheit und der Auflösung im Außen. Der Narzissmus arbeitet nach dem Selbsterhaltungs- und Sicherheitsprinzip. Argelander sieht darin eine qualitativ andere Gefühlssituation als bei der libidinösen Objektbesetzung, die auf körperliche Lust ausgerichtet ist. Dem entsprechend unterscheidet er zwischen primärer narzisstischer Besetzung und Triebbesetzung. Die narzisstische Besetzung richtet sich vor allem auf das Ich und seine Substrukturen, das Überich und das Ich-Ideal, die dabei ins Unermessliche aufgebläht werden und einen grandiosen Charakter erhalten. Das Überich wird allmächtig und die Ich-Ideale bleiben unerreichbar. Solange beide, die narzisstischen und die Triebbesetzungen, nicht miteinander verbunden werden, erscheint der Narzissmus als ungeheuerliche Vergrößerung des Dämonischen und ist mit dem zwischenmenschlichem Umgang nicht vereinbar. Das Ziel der Behandlung ist daher die Integration der beiden ursprünglich getrennten Besetzungen.

---

125 Argelander H (1972), weitere Konzepte stammen von Joffe und Sandler, Holder und Dare und in Deutschland von Schumacher; vgl. Altmeyer (2000), Kapitel 3
126 Freud S (1927)

Der Ansatz der »britischen Schule«

Balint

Als Konsequenz aus seiner Theorie der Grundstörung[127] gelangte Michael Balint zu der Auffassung, dass bei der Behandlung des Narzissmus die Ebene der Grundstörung erreicht werden muss, um zu einer fundamentalen Veränderung zu gelangen. In der Behandlung, so Balint, wird im Rahmen der Regression die Grundstörung wiederbelebt. Das zeigt sich daran, dass zunehmend ein Bedürfnis nach Körperkontakt und Berührung lebendig wird.

Balint sieht die empathische Begleitung der Prozesse, die sich dabei im Patienten ereignen, als unerlässlich an. An Stelle der Deutungsinhalte erhalten auf der Ebene der Grundstörung präverbale, prozedurale Erfahrungen des Zusammenpassens und Verstandenwerdens für den Patienten größte Bedeutung. Sie ereignen sich durch Inszenierungen, die zugelassen werden müssen, also vornehmlich im präverbalen Bereich. Deutungen können in dieser Phase der Entwicklung nach Balint sogar schädlich sein. Wenn der Analytiker sich auf diese Ebene des Erlebens einstellen und damit angemessen umgehen kann, entsteht eine Übertragungsbeziehung, in der die »primäre Liebe« wiederbelebt wird. Aus ihr heraus kann der Patient sich weiterentwickeln, was Balint als Neubeginn bezeichnet.

Winnicott

Nach Auffassung von Donald Winnicott besteht die wichtigste Aufgabe des Analytikers in der Behandlung von narzisstischen Patienten darin, sich als ein Objekt verwenden zu lassen, an dem sie sich selbst erfahren und ihr wahres Selbst entwickeln können. Dazu gehört vor allem die Bereitschaft, sich selbst zurückzunehmen (primäre Mütterlichkeit), ein mögliches »falsches Selbst« zu erkennen und nicht weiter zu fördern sowie die Angriffe

---

127 Balint M (1968)

der Patienten durchzustehen und sie gleichsam zu überleben. Auf diese Weise wird die Analyse zur fördernden Umwelt.

Die narzisstische Objektverwendung[128] darf nach Winnicott nicht gedeutet werden. Sie ist eine produktive Illusion, auf die der Patient verzichten wird, wenn er die Getrenntheit vom Objekt und dessen Eigenständigkeit anerkennen kann. Nur wenn dieses Paradox hingenommen wird, kann das Kind oder der regredierte Patient den Analytiker als Übergangsobjekt benutzen und irgendwann loslassen und sich den äußeren Objekten zuwenden. Dann entsteht eine Weiterentwicklung aus den Kräften des Patienten selbst. Er gelangt darüber zu sich und kann ein wahres Selbst aufbauen und sein »falsches Selbst« dadurch ersetzen.

Das Gemeinsame der beiden Konzepte von Balint und Winnicott sehe ich darin, dass der Analytiker vor allem begleitet, zulässt und ermöglicht. Er stellt ein Medium für die Entwicklung bereit. Dabei muss er gar nicht so viel von sich aus tun. Viel wichtiger ist, dass er der Nachentwicklung keine Barrieren entgegensetzt.

Kernbergs Behandlungskonzept des Narzissmus

Ausgehend von seinem Konfliktmodell des pathologischen Narzissmus setzt Kernberg auf eine konfrontativ aufdeckende Bearbeitung des Größenselbst und die Erforschung seiner individuellen Entstehungsgeschichte. Dabei empfiehlt er die konsequente Deutung der narzisstischen Übertragung (Idealisierungen und Inszenierungen des Größenselbst) als Abwehr gegen die aggressiv erlebten frühen Beziehungen und die Offenlegung der darunter liegenden destruktiven Affekte. Dadurch sollen vor allem Wut, Neid und Verachtung zum Gegenstand der Analyse werden, aber auch paranoide Ängste vor Rache und die Angst vor erneuter frustrierender Abhängigkeit.

---

128 Winnicott DW (1969)

Diese Inhalte prägen auch die narzisstische Übertragung und bilden die Wurzel von Behandlungswiderständen: Der neidische Narzisst eignet sich die Einsichten des Analytikers an, als seien sie seine eigenen, und entwertet damit seine Fähigkeiten zu verstehen und zu helfen. Er gibt sich überlegen und unnahbar und schafft damit eine Pseudo-Unabhängigkeit, mit der er seine Beziehungssehnsucht verleugnet. Er entwertet ihn durch Feindseligkeit und indem er ihm das Gefühl gibt, nichts zu taugen und nicht hilfreich zu sein. Für das Verständnis dieser Prozesse sind die Konzepte der projektiven Identifikation und der konkordanten Gegenübertragung, wegweisend.[129]

Dieser Behandlungsansatz lässt sich in verschiedenen Settings verwirklichen – von der hochfrequenten über die modifizierte analytische Langzeitbehandlung bis hin zur Gruppentherapie.

Übertragungsfokussierte Psychotherapie (TFP)

Inzwischen hat Kernberg sein Konzept als übertragungsfokussierte analytische Psychotherapie (TFP)[130] manualisiert, die man als Modifikation der Psychoanalyse betrachten kann. Sie kann auch von Psychotherapeuten, die nicht Psychoanalytiker sind, gehandhabt werden. Die wesentlichen Charakteristika sind:

- *Konfrontativer Umgang* mit destruktivem Verhalten,
- *Verknüpfung* zwischen Agieren und Gefühlen,
- *Grenzen setzen* und auf deren Einhaltung achten,
- *Übertragungsdeutungen* im Hier und Jetzt unter Beachtung der Gegenübertragung.

Das therapeutische Vorgehen ist durch drei aufeinanderfolgende Schritte gekennzeichnet. Zuerst erfolgt die Beschreibung der therapeutischen Beziehung als Szene, d.h. als Ausdruck einer vom Patienten so nicht erkannten Objektbeziehung, z.B. einer Täter-Opfer-Beziehung. Dabei wird

---

129 Racker H (1959), Klein M (1935)
130 Clarkin JF u.a. (1999), Kernberg OF (2000)

das Wesen der Beziehung aus dem Gegenübertragungserleben erschlossen. Dann folgt die fortlaufende Beschreibung des Verhaltens des Patienten, das in beständiger Veränderung begriffen ist. Darin manifestiert sich der fortwährende Wechsel zwischen Selbstrepräsentanz und Objektrepräsentanz in der Übertragung, also z. B. der rasche Wechsel zwischen Opfer- und Täteridentifikation. Schließlich werden die verschiedenen Aspekte der gespaltenen Selbst- bzw. Objektanteile, also der »nur-guten« und »nur-bösen« Anteile, miteinander verknüpft

Das Ziel sind grundsätzliche strukturelle Veränderungen im Patienten: die Entwicklung einer besseren Kapazität für die Integration der widersprüchlichen, gespaltenen Selbst- und Objektanteile, eine Verbesserung der Affektregulation und die Stärkung der Impulskontrolle.

Ursprünglich für die Einzelbehandlung von Borderline-Persönlichkeitsstörungen konzipiert, eignet die TFP sich auch für die Behandlung des pathologischen Narzissmus. Dabei richtet sie sich insbesondere an schwere narzisstische Persönlichkeitsstörungen. Sie wird inzwischen auch in Gruppen angewendet und stellt ein wichtiges Element in der stationären Psychotherapie dar.

Die TFP wird heute in speziellen Ausbildungsgängen gelehrt. Es ist aber nicht zu übersehen, dass der konfrontative Stil dieses Verfahrens von vielen abgelehnt wird, die darin einen Zwang zur Unterwerfung und Anpassung erblicken.

Weitere neuere Ansätze

Neben der TFP gibt es inzwischen weitere psychodynamische Ansätze, die für Patienten mit schweren Persönlichkeits- und Strukturstörungen entwickelt worden sind und auch bei (schweren) narzisstischen Persönlichkeitsstörungen zur Anwendung kommen (▶ Kasten 5.1). Häufig stellen sie den Kern der Behandlung in Kliniken dar, und oft sind sie das Konzept einer Gruppenpsychotherapie.

Sie alle sind durch die Zentrierung des therapeutischen Vorgehens auf spezifische Entwicklungsdefizite gekennzeichnet:

- Die bereits beschriebene *Übertragungsfokussierte Psychotherapie* (TFP) zielt auf die Integration dissoziierter Anteile der Selbst- und Objektrepräsentanzen und der Affekte durch konfrontativ-aufdeckende Techniken.
- Die *Mentalisierungsbasierte Psychotherapie* (MBT)[131] von Bateman und Fonagy fördert die Mentalisierung, d. h. den selbstreflexiven Zugang zum Selbst und den Objekten und die Affektregulation durch eine auf Fragen ausgerichtete explorative Technik (»Neugier«).
- Die *interaktionelle Psychotherapie*[132] von Heigl-Evers und Heigl verwendet das »Prinzip Antwort« im Sinne einer selektiven Selbstenthüllung als Hilfsich-Funktion zur Bewältigung der Identitätsdiffusion.
- Die *strukturbezogene Psychotherapie*[133] von Rudolf zielt auf die Stabilisierung der Ich-Struktur durch eine vorrangig supportive Haltung.

Kasten 5.1: Neuere Ansätze zur Behandlung des Pathologischen Narzissmus

- Übertragungsfokussierte Psychotherapie TFP (Kernberg)
- Mentalisierungsbasierte Therapie MBT (Bateman und Fonagy)
- Interaktionelle Psychotherapie (Heigl-Evers und Heigl)
- Strukturbezogene Psychotherapie (Rudolf)

Der selbstpsychologische Behandlungsansatz

Durch Arbeiten von Heinz Kohut in den 1960er Jahren und die von ihm konzipierte Selbstpsychologie entstand eine grundsätzlich neue Behandlungskonzeption für narzisstische Störungen. Dabei sind gewisse Ähn-

---

131 Bateman AW, Fonagy P (2015)
132 Heigl-Evers A, Heigl F (1983), Streeck U (2007)
133 Rudolf G (2012)

lichkeiten mit dem entwicklungsfördernden therapeutischen Behandlungsansatz von Winnicott und Balint erkennbar. Dieses Konzept hat in der analytischen Welt einen starken Widerhall gefunden.

Auf der Grundlage seiner Selbstpsychologie (▶ 3. Vorlesung) entwickelte Kohut eine spezifische Strategie und Technik für die Behandlung narzisstischer Störungen. Er hält den Narzissmus für psychoanalytisch behandelbar, wenn die Patienten eine hinreichende Selbststruktur entwickelt haben. Das bedeutet, dass er mit seinem Konzept die leichteren und mittelschweren narzisstischen Störungen im Blick hat, die wir als präödipalen Narzissmus betrachtet haben.

Narzisstische Übertragungen

Kohut erkannte, dass Übertragungen bei narzisstischen Patienten nicht ausbleiben, wie Freud glaubte, sondern dass die Übertragung spezifische Ausdrucksformen annimmt, die sich in Funktion und Dynamik grundsätzlich von der neurotischen Übertragung unterscheiden. Sie erfordern einen besonderen Umgang.

Der Therapeut muss die Selbstobjektfunktion der Eltern übernehmen und nun in einer Weise mit dem Patienten umgehen, dass eine nachträgliche Befriedigung der narzisstischen Bedürftigkeit geschieht. Das bedeutet, er muss die infantilen Idealisierungen annehmen und aushalten, damit die narzisstischen Verwundungen heilen können, die durch frühe Abweisungen entstanden sind. Auf diese Weise wird eine Weiterentwicklung möglich. Damit rückt Kohut von der metapsychologischen Deutungskonzeption Freud'scher Provenienz ab, d. h. von der Zentrierung auf die Konflikthaftigkeit des Erlebens. Im Zentrum steht für ihn die Durcharbeitung der narzisstischen Übertragungen.

Kohut beschreibt zwei narzisstische Übertragungsformen: die idealisierende Übertragung und die Übertragung des Größenselbst.

- Die *idealisierende Übertragung* hat die Funktion, den Analytiker durch Idealisierung zu binden und sich seiner Selbstobjektfunktion zu versichern. Sie kommt vor allem beim abhängigen Typ des Narzissmus vor.

Die Patienten stabilisieren ihre Selbst-Defizite dabei durch imaginäre Teilhabe an der Größe des überhöht erlebten Analytikers.
- Die *Übertragung des grandiosen Selbst* ist charakteristisch für den vermeidenden Typs des pathologischen Narzissmus. Sie stellt einen narzisstischen Rückzug dar, der durch die interpersonelle Dynamik in der Behandlung eingeleitet wird. Sie zeigt sich in drei Formen:
  – Als *archaische Spiegelübertragung*. Der Analytiker wird dabei als Erweiterung des Größenselbst wahrgenommen, mit dem eine narzisstische Verschmelzung (»Wir gegen die Welt«) phantasiert wird.
  – Als *Größenselbst- Übertragung*. Hier wird die Pseudo-Unabhängigkeit in der Übertragung in Szene gesetzt und Abhängigkeit vermieden. Der Analytiker und die psychoanalytische Begegnung werden entwertet. Aus traditioneller Sicht wird diese Konstellation als narzisstischer Übertragungswiderstand gedeutet.
  – Bei der *Zwillingsübertragung(Alter-Ego-Übertragung)*[134] fungiert der Analytiker als Abbild des Größenselbst des Patienten. Hier stabilisiert der Patient sich über das Erleben der Ähnlichkeit.

Behandlungsstrategie

In der Behandlung werden die Übertragungen zur vollen Entwicklung gebracht. Dreh- und Angelpunkt sind dabei

- *Empathie*, d.h. die Identifikation mit dem subjektiven Erleben der Patienten, und
- *Introspektion* im Sinne der fortlaufenden Selbstexploration des Analytikers im Kontakt mit seinen Patienten, wobei auch die eigenen Einstellungen, Erfahrungen und seine Biografie zum Tragen kommen.

Bei der Bearbeitung der Übertragungen zentriert er auf die empathische Einfühlung in die narzisstische Binnenwelt der Patienten, die in Interventionen aufgenommen, gespiegelt und damit indirekt bestätigt und anerkannt wird. Besondere Bedeutung haben dabei Ängste und andere

---

134 Kohut H (1984) dt. 1987, S. 149

Reaktionen (»Widerstände«) auf Unterbrechungen oder Gefährdungen der Beziehung zum Analytiker und der Versuch, die dadurch hervorgerufenen Brüche zu reparieren (»break and repair«).

So beschreibt Kohut in seinen Falldarstellungen immer wieder, wie Patienten aus Anlass von Unterbrechungen der Behandlung an Wochenenden oder in Ferien dekompensierten und sich z. B. in Gefahr brachten oder in Abenteuer stürzten und wie die Anerkennung der Ängste vor Fragmentierung ihres Selbst und die Bearbeitung der tieferliegenden Wurzeln die Stabilität wiederherstellen konnte.

Wenn es gelingt, die geronnenen Strukturen zu verflüssigen, kann die unterbrochene narzisstische Entwicklung wieder in Gang kommen und der pathologische durch eine reifere Form des Narzissmus ersetzt werden. Dabei erfordert es eine besondere Stärke, die Idealisierungen und Entwertungen auszuhalten, die darin enthalten sind. Sie müssen angenommen werden, bevor sie verändert werden können.

Herr W war begeisterter Bergsteiger. Er liebte Touren in einsame Höhen. Ich fand das großartig, was ihm auch nicht verborgen blieb, aber es beunruhigte mich, dass er häufig allein in den Bergen unterwegs war und offenbar große Risiken in Kauf nahm, von denen er mir ausführlich erzählte. Wenn er in einer Freitagstunde von seinen Plänen für das Wochenende sprach, war ich besorgt. Es dauerte einige Zeit, bis wir verstanden, dass er meine Sorge auch provozieren und in Erfahrung bringen wollte, dass er mich mit seinen Schilderungen erreichte. So fühlte er sich auf seinen Touren mit mir verbunden, was ihm Sicherheit gab. Erst als er bei einer seiner Touren in eine Lawine geraten war und beinahe verschüttet worden wäre, entschloss er sich, mehr Verantwortung für sich zu übernehmen und fortan risikoreiche Touren in Gemeinschaft zu unternehmen. »Ihnen zuliebe,« fügte er schmunzelnd hinzu.

Die Kohut-Kernberg-Kontroverse

Tab. 5.1: Konzepte für narzisstische Störungen: Kohut und Kernberg im Vergleich

Kohut	Kernberg
Der Narzissmus ist eine Fixierung der normalen Entwicklung (Defizitmodell).	Der Narzissmus ist eine pathologische Entwicklung, die auf archaischen Trieb- und Beziehungskonflikten beruht (Konfliktmodell).
Wut ist die Folge frustrierter narzisstischer Bedürfnisse nach Anerkennung und Halt; sie reflektiert die Objektangewiesenheit.	Wut und Neid sind Folge einer Abwehr von intrapsychischer Aggression, die auf einem ungestillten Objekthunger beruht. Sie kommen durch die aggressive Besetzung des Selbst zu Stande als Folge verinnerlichter traumatischer und Mangelerfahrungen.
Das Größenselbst ist eine Erscheinung der normalen Selbstentwicklung. In der normalen Entwicklung wird es durch ein optimales Maß an narzisstischer Befriedigung und Frustration zurückgenommen (transformierende Verinnerlichung). Im pathologischen Narzissmus wird es abgespalten und bleibt als Relikt der früheren Entwicklungsstufe erhalten.	Das Größenselbst ist eine narzisstische Abwehrformation gegen destruktive Beziehungserfahrungen, frustrane Abhängigkeitswünsche und reaktive Neid- und Wutgefühle.
Das Größenselbst kann in der Behandlung durch transformierende Erfahrungen mit dem Analytiker zurückgenommen werden.	Das Größenselbst kann durch Deutungen der dahinter liegenden Aggressionen, Neidgefühle, Abhängigkeitswünsche und Verfolgungsängste aufgelöst werden.
Die Behandlung setzt auf Neuerfahrung und Nachreifung durch eine intuitiv-empathische Haltung und Begleitung.	Die Behandlung setzt auf Abwehranalyse, Aufdeckung und Integration.

5. Vorlesung Konzepte zur Behandlung narzisstischer Störungen

Hier knüpft die Kritik an Kohut an, insbesondere die Kritik an seinem therapeutischen Konzept der Einfühlung an Stelle von Konfrontation und Widerstandsdeutung. Vorreiter dieser Kritik ist Otto F. Kernberg, der das Konzept einer Entwicklungsfixierung des Narzissmus ablehnt und stattdessen, wie wir mehrfach gesehen haben, pathologische Objektbeziehungen und archaische Konflikte in den Vordergrund rückt. Er sieht im Narzissmus eine Abwehrorganisation gegenüber Aggression und Neid aus der Frühzeit der Entwicklung und damit verbundener Angst vor Vergeltung, während Kohut ein Defizitmodell vertritt, das den Narzissmus als Folge von Mangelerlebnissen betrachtet. Demzufolge arbeitet Kohut mit empathischer Begleitung, einfühlender Anteilnahme und supportiven Techniken, um eine Nachreifung zu erzielen. Kernberg betont dagegen die Notwendigkeit, aggressive Affekte wie Wut und Neid – möglichst in der Übertragung – durchaus konfrontativ aufzudecken und die Angst vor Abhängigkeit und dahinterliegende Konflikte zu bearbeiten (▶ Tab. 5.1).

Die Kontroverse beruht aus meiner Sicht aber nur teilweise auf einem konzeptuellen Dissens. Mir scheint, dass die beiden Konzepte vor einem unterschiedlichen Erfahrungshintergrund entstanden sind.

- *Kernbergs* Erfahrungen stammen zum großen Teil aus der Behandlung von narzisstischen Borderline-Patienten, die im stationären Kontext einer psychiatrischen Klinik behandelt wurden. Seine Fallbeispiele verweisen auf ausgesprochen schwere Pathologien auf einer schizoid-paranoiden Entwicklungsstufe. Bei ihm geht es um einen destruktiven und zum Teil antisozialen Narzissmus, der durch unermessliche Aggressionen und destruktives Agieren eines pathologischen Größenselbst geprägt ist. So wird auch verständlich, dass in seinen Konzepten der inferiore Narzissmus mit Selbstzweifeln, Unterwürfigkeit und Schamgefühlen kaum eine Rolle spielt.
- *Kohuts* Beispiele betonen mit der geringeren Intensität und dem geringeren Ausmaß an destruktiver Aggression das mittlere strukturelle Entwicklungsniveau. Seine Patienten sind deutlich mehr bezogen als die von Kernberg. Man kann wohl sagen, dass sie weniger krank sind. In seinen Fallbeispielen, die überwiegend aus ambulanten Langzeitanalysen stammen, erkennt man durchaus neurotische Konflikte, z. B. im Zusammenhang mit der Selbstfindung und Selbstbehauptung. Ihre

Verleugnung ist weniger bizarr, ihre Entwertung weniger intrusiv. Bei ihnen geht es oft um das Festhalten an einer symbiotischen Bindung. Kurz: Es handelt sich nach meinem Verständnis überwiegend um Patienten, die in ihrer Entwicklung die depressive Position erreicht haben. So ist es auch zu verstehen, dass bei Kohut der Abhängigkeitstyp des präödipalen Narzissmus im Vordergrund steht und die Behandlungsstrategie bestimmt.

Erweiterungen durch den intersubjektiven Ansatz

Wie ich schon in der 3. Vorlesung gezeigt habe, hat die intersubjektive Theorie das Konzept der Selbstpsychologie für das Verständnis des Narzissmus vertieft, indem er die Wechselseitigkeit der Beziehung für die Aufrechterhaltung des Selbstgefühls betont hat. Er hat aber kein »eigenes« Narzissmuskonzept hervorgebracht. Beides gilt auch für die Behandlung. Da der intersubjektive Ansatz auf der Selbstpsychologie aufbaut, kann man aber sagen, dass das gesamte Konzept implizit auf die Behandlung des Selbst und des narzisstischen Anteils psychischer Störungen ausgerichtet ist.

Dabei werden Empathie und Introspektion als therapeutische Grundhaltungen aus der Selbstpsychologie übernommen und narzisstische Widerstände, d. h. vor allem der Rückzug aus der Beziehung, als Schwankungen in der therapeutischen Beziehung besonders beachtet. Aus intersubjektiver Sicht ist Widerstand eine Reaktion der Patienten, wenn in der Analyse die Gefahr auftritt, dass sich in der Beziehung zum Analytiker die Wiederholung erlittener Verletzung ankündigt. Dieser Anschauung liegt das Defizitmodell des Narzissmus zugrunde.

Anders als bei Kohut werden Widerstände hier allerdings als Störungen der Interaktion aufgefasst und nicht als Einstellung oder Verhalten des Patienten. Das Stichwort ist »Ko-Konstruktion«. Dabei wird die Komplexität der intersubjektiven Übertragungsprozesse anerkannt; d. h. die Übertragung wird nicht nur vom Patienten ausgehend betrachtet, sondern erscheint als ein wechselseitiges interaktionelles Zusammenspiel.

Frau C, eine Kollegin Ende 40, mit der ich seit einigen Jahren sehr vertrauensvoll und persönlich in der Supervision zusammenarbeite, stellte mir Frau A vor. Frau A ist eine Studentin Mitte 20, die sich seit fast zwei Jahren bei Frau C wegen Ängsten auf der Basis einer narzisstischen Persönlichkeit vom Abhängigkeitstyp in einer modifizierten analytischen Psychotherapie mit zwei Sitzungen pro Woche befindet. Den Hintergrund bildet eine hochgradig pathologische Bindung an ihre Mutter, die sie als Partnerersatz und Selbstobjekt mit Schuldgefühlen in Abhängigkeit hält.

Der Anlass für die Vorstellung war ihr abnehmendes Interesse an Frau A. Es machte sie unglücklich, dass sie sich in letzter Zeit immer weniger für sie interessierte und sich zunehmend langweilte. In der letzten Woche wurde sie in der Sitzung von einer schwer erträglichen Müdigkeit überfallen und wäre beinahe eingeschlafen, während Frau A lebendig über ihre Abschlussprüfung sprach. Frau C empfand Kummer über sich und ihre geringe Anteilnahme. Sie stand so ganz im Gegensatz dazu, dass sie sich anfangs immer sehr für Frau A interessiert und sich auf die lebhaften Stunden mit ihr gefreut hatte. Sie hatte sie an ihre Tochter erinnert, die in ihrem Alter auch studiert hatte und nach dem Abschluss ins Ausland gegangen war.

Wir redeten über Frau A, über Frau C und über ihre Tochter. Mir fiel ein, wie *meine* Tochter nach dem Studium ins Ausland gegangen war und wir sie vermisst hatten. Ich fragte Frau C, ob die Abschlussprüfung denn auch den Abschluss der Therapie bedeuten würde. Sie war überrascht und gestand, dass sie daran noch nicht gedacht hatte und sich das auch gar nicht vorstellen konnte.

Zwei Wochen später kam sie wieder und berichtete, dass Frau A ihre Prüfungen bestanden und sich überraschend entschlossen hatte, mit ihrem Freund in eine andere Stadt zu gehen. Frau C war ein wenig gekränkt, dass sie dann wohl nicht mehr gebraucht werden würde. Sie hätte aber viel über unser Gespräch nachgedacht und über die Parallele mit ihrer Tochter, die sie damals nur schwer gehen lassen konnte. Jetzt verstand sie ihren Interessenverlust und die Müdigkeit als Inszenierung eines Rückzugs, der die Beendigung vorwegnahm. Inzwischen hatte sie aber ein gutes Gefühl. »Ich glaube, ich kann sie jetzt gehen lassen,« sagte sie, »aber ich werde sie vermissen.« Von Müdigkeit in den Stunden war nun keine Rede mehr.

Ich berichte diese Vignette, um das Zusammenspiel der verschiedenen Übertragungen darzustellen. Es entsteht eine interaktionelle Matrix mit mehreren Elementen. Dabei ist es meistens kaum möglich, zwischen Eigenübertragungen und Gegenübertragungen klar zu trennen. Um uns dennoch zu orientieren, unterscheiden wir

- die *Übertragung der Patientin* als mitgebrachtes Organisationsmuster für das Erleben in der Behandlung,
- die *Gegenübertragung als Reaktion und Antwort* der Therapeutin darauf,
- die *Eigenübertragung* der Therapeutin, die durch die Patientin in ihr angestoßen wurde, und
- die *Gegenübertragung der Patientin* auf ihre Eigenübertragung.

Wie mein Beispiel zeigt, entstehen durch das Zusammenspiel Szenen, die bei konsequenter Untersuchung mehrfach determiniert sind: Durch die aktuelle Begegnung und durch die persönliche Geschichte der Beteiligten. Es ging um die Inszenierung von Loslösung und Autonomie und damit verbundene Selbstwertprobleme. Traditionell werden solche Szenen ausschließlich als Inszenierungen des Patienten und Gegenübertragungen des Therapeuten betrachtet. Aus intersubjektiver Perspektive ergibt sich dagegen immer auch die Frage, ob und welchen Anteil der Analytiker mit seinen Einstellungen und seiner Geschichte daran hat.

Aus dem unbewussten Zusammenspiel können Brüche der Interaktion und Behandlungskrisen entstehen. Sie beruhen häufig auf eigenen Übertragungen des Analytikers. Meistens hat er sie gar nicht bemerkt, bis ein plötzlicher Rückzug den Bruch in der Beziehung anzeigt. Aus der Sicht der Patienten versagt der Analytiker in seiner stützenden Selbstobjektfunktion. Infantile Traumatisierungen werden wiederbelebt. Die Patienten fühlen sich abgewertet und verletzt, nicht gesehen und nicht mehr wertgeschätzt. Das erzeugt Enttäuschung, Wut und paranoide Phantasien. Es kommt zur

Regression. Durch den gemeinsamen Prozess kann das in beiden Beteiligten geschehen, denn der Analytiker nimmt per Identifikation am regressiven Prozess mit teil.

Solche Krisen sind an sich keine Katastrophen, wenn sie den Patienten nicht heillos überfordern. Sofern die Beziehung stabil genug ist, können sie repariert werden. Sie gehören in jede Therapie. Sie zeigen, dass ein Therapeut gut genug sein kann, auch wenn er niemals ideal ist – so wie eine genügend gute Mutter in der normalen Entwicklung.[135]

Die Reparatur solcher Krisen ist äußerst bedeutungsvoll. Der Therapeut muss sich der Herausforderung stellen anzuerkennen, dass er an die Grenzen von Verstehen und Containment gelangt ist oder den Patienten unwillentlich tatsächlich gekränkt oder verletzt hat. Der intersubjektiv orientierte Analytiker würde sich dabei nicht hinter Schweigen oder Technik verbergen und auch nicht auf ein ausschließlich auf den Patienten zentriertes Widerstandskonzept Bezug nehmen. Er könnte sogar im Rahmen einer reflektierten Selbstenthüllung seinen Anteil eingestehen und sich durch Anerkennung von Fehlern und Begrenztheit als ein genügend gutes, selbstsicheres, aber begrenztes Gegenüber zeigen und zur Identifikation zur Verfügung stellen.

Das Ziel der Behandlung von narzisstischen Störungen besteht aus intersubjektiver Sicht darin, die Selbstregulation zu stärken, indem die Patienten die selbstschützenden und selbststützenden Funktionen per Identifikation vom Analytiker übernehmen und dieser schließlich aus seiner Selbstobjektfunktion entlassen wird.

Schlussfolgerungen

Zum Abschluss möchte ich einen Blick auf die Erfahrungen werfen, die ich selbst bei der Behandlung des pathologischen Narzissmus gemacht habe. Dabei hat sich ein integratives Konzept als nützlich erwiesen. Es schlägt

---

135 Safran u. a. (2011)

eine Brücke zwischen Kernbergs Konzept der konfrontativen Konfliktbearbeitung und dem Konzept der empathiegeleiteten Begleitung von Kohut. Es verwendet je nach Bedarf auch neuere Konzepte wie das Prinzip Antwort der interaktionellen Therapie, die explorative Technik der mentalisierungsgestützten Psychotherapie sowie supportive Techniken der strukturorientierten Psychotherapie.

Die Grundorientierung richtet sich nach dem Strukturniveau, das man in der Diagnostik erfasst, und nach den zentralen Konflikten und strukturellen Defiziten, die in einer Störung zum Tragen kommen. Diese Orientierung verbindet sich mit Intuition und Erfahrungen, wie man den Betroffenen wohl am besten helfen kann: Mit einer eher konfrontativen oder einer mehr supportiven Strategie, mit der Deutung verborgener Absichten und Motive oder mit der Beziehungserfahrung einer empathischen Begleitung.

Die Einschätzung des Strukturniveaus bestimmt die therapeutische Haltung. Sie sollte grundsätzlich wohlwollend, persönlich und durch eine warme Atmosphäre geprägt sein. Es ist selbstverständlich, in jedem Falle um eine empathische Beziehung zum Patienten bemüht zu sein. Dennoch gibt es Unterschiede: So ist der Umgang mit Patienten auf niederem Strukturniveau meistens zurückhaltender als bei weiter entwickelten Patienten, denen man alltagsnäher und lockerer gegenübertreten kann. Darin spiegelt sich eine sublime Antwort auf die Belastbarkeit, Kränkbarkeit und auf das latente aggressive Potenzial des jeweiligen pathologischen Narzissmus. Das niedere Strukturniveau verlangt mehr Zurückhaltung als das mittlere.

Im Behandlungsverlauf richtet das Augenmerk sich darauf, einen Behandlungsfokus zu identifizieren und herauszufinden, welche Aufgabe in der aktuellen Behandlungssequenz im Vordergrund steht: Geht es um ein umschriebenes strukturelles Problem oder um einen dynamischen Fokus, und wie spielen beide gegebenenfalls zusammen? Dabei ergänzen sich der strukturorientierte und der dynamische Ansatz. Es zeigt sich jedoch, dass in einigen Sequenzen der dynamische und in anderen der strukturelle Fokus in den Vordergrund rücken kann. Ein typisches Beispiel für ein Zusammenspiel ist der narzisstische Autonomiekonflikt auf dem mittleren Strukturniveau. Er bedarf der Klärung der Ambivalenz und der damit verbundenen Wut- und Schuldproblematik, aber es geht oft auch um sehr konkrete strukturelle Themen wie die, was ein Patient sich realistischerweise zumuten kann, ohne sich zu gefährden.

Je nach meinem Eindruck interveniere ich, indem ich – zumeist spontan – aus dem umfangreichen Fundus psychodynamischer Konzepte und Interventionstechniken[136] herausgreife, was mir für die aktuelle therapeutische Aufgabe nützlich erscheint. Dabei geht es beim niederstrukturierten Narzissmus um integrierende Arbeit an den Spaltungen und um die Arbeit an defizienten Funktionen wie Affektsteuerung, Empathie oder Mentalisierung. Beim mittleren Strukturniveau werden vor allem die narzisstische Objektverwendung und die Selbstobjektfunktionen und die damit verknüpften Konflikte bearbeitet.

Dieses Vorgehen ist klinisch orientiert und an meine Persönlichkeit gebunden. Es ist weit von jeder Manualisierung entfernt. Dabei erhält meine Subjektivität als Therapeut große Bedeutung für die Gestaltung und den Erfolg des Behandlungsprozesses.

Ich bin mir bewusst, dass die Indikationsentscheidung zwischen verschiedenen Interventionsmöglichkeiten weitgehend durch Gegenübertragungen bestimmt ist. Das bedeutet, dass die Auswahl des Behandlungskonzeptes für eine Behandlungssequenz eng mit dem aktuellen intersubjektiven Übertragungsprozess verknüpft ist. Läuft die Behandlung gut, dann vermittelt sich per Empathie und Introspektion, was notwendig und hilfreich ist, und man kann sich zwanglos dem Zusammenspiel überlassen. Kommt es zu Krisen, wird man sich die Konzepte wohl überlegen, mit denen man intervenieren will.

Ein letztes Wort zur Gegenübertragung. Sie stellt bei narzisstischen Patienten die größte Herausforderung für die Behandlung dar. Sie ist vom Strukturniveau geprägt und beim niederen Strukturniveau deutlich stärker ausgeprägt als beim mittleren. Man kann sich ihr kaum entziehen. Man ist ihr ausgesetzt, auch wenn sich bisweilen heftige Wut und andere Widerstände dagegen wehren. Das liegt daran, dass sich, je niederer das Strukturniveau, umso mehr prozedurale Beziehungserfahrungen vermitteln. Da es sich dabei um nicht mentalisierte affektive Zustände handelt, geht die projektive Identifikation »einfach unter die Haut«: Zustände von Leere, Verlorenheit, Mutlosigkeit, Hilflosigkeit oder einfach Zustände von Angst

---

136 Mertens W (2009), Körner J (2016)

und Schrecken ergreifen einen in der Gegenübertragung mit aller Wucht. Sie spiegeln die archaischen Objektbeziehungen wider, welche die Patienten beherrschen, und haben Wirklichkeitscharakter. Diese Zustände sind unabweisbar. Das macht die Behandlung des pathologischen Narzissmus so anstrengend.

Darin liegt aber auch ein beträchtliches Potenzial für die Behandlung.[137] Denn indem man die Gegenübertragung in sich aufnimmt und aushält, erkennt man sie an und gestaltet sie um. Ein projiziertes Gefühl absoluter Hilflosigkeit kann dabei mit eigenen Selbstanteilen verbunden und gemäßigt werden, z. B. mit Humor oder Zuversicht. Man muss die Hilflosigkeit dann nicht mehr bekämpfen oder sich ihr absolut ausliefern, sondern man kann aus einer selbstbewussten Position heraus mit den Patienten darüber »verhandeln«. Darin liegt die umwandelnde Funktion, die in der Behandlung des Narzissmus Hoffnung macht.

---

137 Berman Pick I (1984), Bion W (1965)

Literatur

Abelin E (1971) The role of the father in the seperation-individuation process. In: McDevitt JB, Settlage CF (Ed) Seperation-individuation. Int Univ Press, New York.
Altmeyer M, Thomä H (2006) Die vernetzte Seele. Klett-Cotta, Stuttgart.
Altmeyer M (2000) Narzissmus und Objekt. Ein intersubjektives Verständnis der Selbstbezogenheit. Vandenhoeck u. Ruprecht, Göttingen.
Arbeitskreis OPD (Hg) (2006) Operationalisierte Psychodynamische Diagnostik OPD-2. Huber, Bern.
Atwood GE, Stolorow RD (1984) Structures of Subjectivity. The Analytic Press, Hillsdale NY.
Balint M (1937) Frühe Entwicklungsstadien des Ichs. Primäre Objektliebe. In: Balint M: Urformen der Liebe und die Technik der Psychoanalyse. Klett-Cotta, Stuttgart 1965.
Balint M (1968) Therapeutische Aspekte der Regression. Klett, Stuttgart 1970.
Baranger W, Baranger M (1961) Die analytische Situation als dynamisches Feld. Psyche 72 (2018), 739–784.
Bateman AW, Fonagy P (Hg) (2015) Handbuch Mentalisieren. Psychosozial-Verlag, Gießen.
Benjamin J (1988) Die Fesseln der Liebe. Stroemfeld/Roter Stern, Basel, Frankfurt a. M. 1993.
Berman Pick I (1984) Durcharbeiten in der Gegenübertragung. Dt in Bott Spilius EB (Hg) (1988) Melanie Klein heute. Klett-Cotta, Stuttgart 1991.
Bion WR (1965) Transformationen. Suhrkamp. Frankfurt a. M. 1997.
Bollas C (1987) Der Schatten des Objekts. Das ungedachte Bekannte. Klett-Cotta, Stuttgart 1997.
Buber M (1923) Ich und Du. Lambert Schneider, Heidelberg.
Cooley CH (1922) Social Organization. Human nature and the social order. Charles Scribner's Sons, New York.
Cain, NM, Pincus, AL, Ansell, EB (2008). Narcissism at the crossroads: Phenotypic description of pathological narcissism across clinical theory, social/personality psychology, and psychiatric diagnosis. Clinical Psychology Review 28, 638–656.

Heimann P (1952) Certain functions of introjection and projection in early infancy. In: Klein M, Heimann P, Isaacs S: Developments in psychoanalysis. Hogarth, London 121–168.
Henseler H (1974) Narzisstische Krisen. Rowohlt, Reinbek.
Dammann G, Sammet I, Grimmer B (Hg) (2012) Narzissmus. Theorie, Diagnostik, Therapie, Kohlhammer, Stuttgart.
Dornes M (1983) Der kompetente Säugling. Fischer, Frankfurt am Main.
Ellis H (1898) Studies in the Psychology of Sex 1898.
Ermann M (1985) Die Fixierung in der frühen Triangulierung. Forum Psychoanal 1, 93–110.
Ermann M (2008) Freud und die Psychoanalyse, Kohlhammer, Stuttgart.
Ermann M (2010) Psychoanalyse heute. Kohlhammer, Stuttgart.
Ermann M (2014) Der Andere in der Psychoanalyse. Die intersubjektive Wende. Kohlhammer, Stuttgart.
Ermann M (2020) Psychotherapie und Psychosomatik, 7. Aufl. Kohlhammer, Stuttgart.
Ferenczi S (1913) Entwicklungsstufen des Wirklichkeitssinns. In: Bausteine der Psychoanalyse Bd. 1. Huber, Bern 1964.
Ferenczi S (1924) Entwicklungsziele der Psychoanalyse. In: Bausteine der Psychoanalyse Bd. 3. Huber, Bern 1964.
Fonagy P (2001) Bindungstheorie und Psychoanalyse. Klett-Cotta 2003.
Freud S (1900) Traumdeutung GW Bd 2.
Freud S (1905) Drei Abhandlungen Bd 3.
Freud S (1911) Psychoanalytische Bemerkungen über einen autobiographisch beschriebenen Fall von Paranoia (Dementia paranoides). GW Bd 7I, 240–320.
Freud S (1914a) Zur Einführung des Narzißmus GW Bd 10.
Freud S (1914b) Der Moses des Michelangelo. GW Bd 6.
Freud S (1916/17) Vorlesungen zur Einführung in die Psychoanalyse.
Freud S (1923) Das Ich und das Es. GW Bd 13, 234–289.
Freud S (1927) Die Zukunft einer Illusion GW Bd 14, 323–38.1
Green A (1983) Die tote Mutter. Psyche 47 (1993), 205–240.
Grunberger B (1971) Vom Narzissmus zum Objekt. Suhrkamp, Frankfurt a. M. 1976.
Grunberger B (1974) Gedanken zum frühen Über-Ich. Psyche 28, 508–529.
Hartmann H (1950) Bemerkungen zur psychoanalytischen Theorie des Ichs. Psyche 18 (1964), 330–354. Auch in Hartmann H (1964).
Hartmann H (1964) Ich-Psychologie. Klett, Stuttgart 1972.
Hegel GWF (1807) Phänomenologie des Geistes. Werke. Band 3, Suhrkamp, Frankfurt a. M. 1979.
Heigl-Evers A, Heigl F (1983) Das interaktionelle Prinzip in der Einzel- und Gruppentherapie. Z psychosom. Med. 29, 1–141.
Honneth A (2003) Der Kampf um Anerkennung. Suhrkamp, Frankfurt a. M.

Jaenicke C (2002) Die Entstehung und Entwicklung der Intersubjektivitätstheorie. In: Potthoff P, Wollnik SA (Hg) Die Begegnung der Subjekte. Psychosozial Verlag, Gießen, 63–79.
James W (1890) Psychologie. Quelle & Meyer, Leipzig 1909.
Kernberg OF (1975) Borderline-Störungen und pathologischer Narzissmus. Suhrkamp, Frankfurt am Main 1978.
Kernberg OF (1976) Objektbeziehungen und die Praxis der Psychoanalyse. Klett-Cotta, Stuttgart 1981.
Kernberg OF (1984) Schwere Persönlichkeitsstörungen. Klett-Cotta, Stuttgart 1985.
Kernberg OF (2000) Borderline-Persönlichkeitsorganisation und Klassifikation der Persönlichkeitsstörungen. In: Kernberg OF, Dulz B, Sachsse U (2000) (Hg) Handbuch der Borderline-Störungen. Schattauer, Stuttgart.
Kernberg OF (2011) Hass, Wut, Gewalt und Narzissmus. Kohlhammer, Stuttgart.
Kernberg OF, Dulz B, Sachsse U (Hg) Handbuch der Borderline-Störungen. Schattauer, Stuttgart.
Kernberg OF, Hartmann HP (Hg) Narzissmus. Grundlagen, Störungsbilder, Therapie. Schattauer, Stuttgart
Klein M (1932) Zur Psychoanalyse des Kindes. Klett, Stuttgart 1962.
Klein M (1935) Zur Psychogenese der manisch-depressiven Zustände. Dt. in: Klein M: Das Seelenleben des Kleinkindes. Klett, Stuttgart 1962, 225–244.
Kohut H (1959) Introspektion, Empathie und Psychoanalyse. Psyche 25 (1971), 831–855
Kohut H (1966) Formen und Umformungen des Narzissmus. Psyche 20 (1966), 561–587.
Kohut H (1971) Narzissmus. Suhrkamp, Frankfurt am Main 1973.
Kohut H (1977) Die Heilung des Selbst. Suhrkamp, Frankfurt am Main 1981.
Kohut H (1984) Wie heilt die Psychoanalyse? Suhrkamp, Frankfurt am Main 1987.
Körner J (2016) Psychodynamische Interventionsmethoden. Vandenhoeck und Ruprecht, Göttingen.
Lacan J (1936, 1949) Das Spiegelstadium als Bildner der Ich-Funktion, wie sie uns in der psychoanalytischen Erfahrung erscheint. Schriften I, Quadriga, Weinheim und Berlin 1986.
Loewald H (1969) Zur therapeutischen Wirkung der Psychoanalyse. In: Psychoanalyse. Klett-Cotta 1986, 209–247.
Ludwig-Körner C (1992) Der Selbstbegriff in Psychologie und Psychotherapie. Dt. Universitäts-Verlag, Wiesbaden.
Mead GH (1934) Geist, Identität und Gesellschaft. Aus der Sicht des Sozialbehaviorismus. Suhrkamp Frankfurt am Main 1968.
Mertens W (2009) Psychoanalytische Erkenntnishaltungen und Interventionen. Kohlhammer, Stuttgart.
Milch W (2001) Lehrbuch der Selbstpsychologie. Kohlhammer, Stuttgart.
Mitchell SA (2000) Bindung und Beziehung. Psychosozial Verlag, Gießen 2003.

Näcke P (1899) Kritisches zum Kapitel der normalen und pathologischen Sexualitaet. Archiv für Psychiatrie 32, 356–386.

Nunberg H, Federn E (1977) (Hg) Protokolle der Wiener Psychoanalytischen Vereinigung. Bd II (1908–1910). Fischer, Frankfurt am Main.

Orange DM (1995) Emotional understanding. Guilford, New York.

Orlowsky U, Orlowsky R (1992) Narziß und Narzißmus im Spiegel von Literatur, Bildender Kunst und Psychoanalyse. Fink, München.

Racker H (1959) Übertragung und Gegenübertragung. Reinhardt, München 1978.

Rank O (1911) Ein Beitrag zum Narzissmus. Jb psychoanalyt Forschungen Bd 3.

Rank O (1924) Das Trauma der Geburt und seine Bedeutung für die Psychoanalyse. Psychosozial, Gießen 2007.

Renger A (1999) (Hg) Mythos Narziss. Reclam, Leipzig.

Röhr HP (1999) Narzissmus. dtv, Frankfurt a. M. 2014.

Rosenfeld H (1971) Beitrag zur psychoanalytischen Theorie des Lebens- und Todestriebes. Psyche 25, 476–493.

Rudolf G (2004) Strukturbezogene Psychotherapie. Schattauer. Stuttgart.

Sadger I (1910) Ein Fall von multipler Perversion mit hysterischen Absenzen. Jb psychoanalyt psychopath Forschung 2, 59–133.

Safran JD, Muran JC, Eubanks-Carter C (2011) Repairing Alliance Ruptures. Psychotherapy, 48, 80–87.

Schlagmann K (2008): Zur Rehabilitation von Narziss – Mythos und Begriff. In: Integrative Therapie 34, 443–464.

Siegel AM (1996) Einführung in die Selbstpsychologie. Kohlhammer, Stuttgart (2000).

Stern D (1985) Die Lebenserfahrung des Säuglings. Klett-Cotta, Stuttgart 1992.

Stolorow RD, Atwood GE (1979) Faces in a Cloud: Subjectivity in Personality Theory. Northvale, NJ: Jason Aronson.

Streeck U (2007) Psychotherapie komplexer Persönlichkeitsstörungen. Klett-Cotta, Stuttgart.

Willi J (1975) Die Zweierbeziehung. Rowohlt, Reinbek.

Winnicott DW (1951) Übergangsobjekte und Übergangsphänomene. Dt in: Vom Spiel zur Kreativität. Klett, Stuttgart 1973.

Winnicott DW (1956) Primäre Mütterlichkeit. In: Von der Kinderheilkunde zur Psychoanalyse. Kindler, München 1976. Auch: Psyche 14 (1958), 393–398.

Winnicott DW (1960) Ich-Verzerrung in Form des Wahren und des Falschen Selbst. In: Winnicott DW (1965) Reifungsprozesse und fördernde Umwelt. Kindler, München 1974.

Winnicott DW (1969) Objektverwendung und Identifizierung. Dt In: Vom Spiel zur Kreativität. Stuttgart (Klett-Cotta) 1973.

Personenverzeichnis

A

Adler, A.   38
Altmeyer, M.   67, 72
Argelander, H.   108
Atwood, G. E.   66
Augustinus   21

B

Bacon, F.   22
Balint, M.   40, 55, 66, 109
Baranger, W. & M.   67
Bateman, A. W.   113
Benjamin, J.   73
Bion, W.   43
Bollas, C.   73
Bowlby, J.   55
Branschaft, B.   66

C

Cooley, C.   55

D

Dammann, G.   87

E

Ellis, H.   26

F

Fairbairn, R.   43
Ferenczi, S.   46
Fonagy, P.   113
Freud, S.   13, 14, 27–29, 35, 39, 56, 57, s. Stichwortverzeichnis Freud, S.

G

Grunberger, B.   41
Guntrip, H.   43

H

Hartmann, H.   49
Hegel, G. W.   54
Heigl-Evers, A.   113
Heigl, F.   113
Heimann, P.   44

J

James, W.   55
Jung, C. G.   38

K

Kernberg, O. F. 48, 86, 91, 110, 118,
s. Stichwortverzeichnis Kernberg,
O. F.
Klein, M. 73
Kohut, H. 113

L

Lacan, J. 51
Loewald, H. 66

M

McLuhan, M. 19
Mead, G. H. 55
Mitchell, S. A. 67

O

Ogden, T. 73
Orange, D. M. 66
Ovid 15

P

Pausanias 20

R

Rank, O. 28
Rosenfeld, H. 95
Rudolf, G. 113

S

Sadger, I. 27
Stern, D. 56
Stolorow, R. D. 66
Sullivan, H. S. 67

T

Thomä, H. 67

W

Wilde, O. 23
Winnicott, D. W. 47

Stichwortverzeichnis

A

Angst
- Fragmentierungsangst 59, 90, 104
- vor leeren Räumen (Oknophilie) 47
- vor Objekten (Philobathie) 47

Anlehnungstyp 35
Autonomie-Abhängigkeits-Konflikt 100

B

Bezogenheit 69

E

Eigenübertragung 121
Elternimago 62, 64, 82
Empathie 58, 115

F

Feldtheorie 68
Freud, S. 15, 107
- Drei Abhandlungen zur Sexualtheorie 28, 31
- Leonardo da Vinci 28
- Narzissmus 33
- Psychosenbehandlung 39

- Traumdeutung 31
- Zur Einführung des Narzißmus 15, 28, 29, 33

G

Gefühl, ozeanisches 34, 108
Gegenübertragung 121, 124
Grundstörung 109
- Balint 46

H

Hypochondrie 104

I

Ichpsychologie 42
Identifizierung, projektive 45
Identitätsdiffusion 80, 93
Interaktionelle Psychotherapie 113
Interaktionismus, symbolischer 55, 65, 66
Interaktionsschleifen, -zirkel 71
Intersubjektivismus
- Ansatz 68, 119
- entwicklungspsychologischer 69
- intersubjektive Wende 67
Introspektion 58, 115

133

K

Kernberg, O. F.
- Behandlungskonzept 110
- maligner Narzissmus 95
- narzisstische Persönlichkeitsstörung 48
- Neid 86
- Strukturniveau 98
- Strukturniveau, niederes 91
- Übertragungsfokussierte Behandlung TFP 111

Kohut, H. 14, 40, 57
- Behandlung 113
- narzisstische Übertragung 114

Kohut-Kernberg-Kontroverse 117
Ko-Konstruktion 71, 119
Kollusion 88
Krisen, narzisstische 89

L

Liebe, primäre (Balint) 45, 109

M

Mentalisierungsbasierte Therapie MBT 113
Mütterlichkeit, primäre (Winnicott) 47

N

Narzissmus
- Abhängigkeitstyp 83, 94, 100
- Borderline- 78
- Entwicklung 62
- erwachsener 50
- gesunder 59
- gesunder, positiver 13, 57
- integratives Behandlungskonzept 122
- intersubjektive Sicht 71, 119
- kindlicher 49
- Kritik des Freud'schen Konzepts 37
- maligner, antisozialer 51
- mittleres Strukturniveau 73, 97
- neuere Konzepte 40
- niederes Strukturniveau 93
- normaler (positiver) 49, 74
- pathologischer 13, 50, 74, 76
- präödipaler 78, 97, 104
- primärer 34
- sekundärer 34
- Strukturniveau 78, 91
- Vermeidungstyp 94, 100

Narziss, Mythos 15
narzisstische Merkmale 80
narzisstische Neurose 33, 77, 92, 97, 101, 102
narzisstische Persönlichkeit 77
narzisstische Persönlichkeitsstörung 77
narzisstische Übertragung 111
Neid 50, 86
Neurose
- analysierbare 33
- narzisstische 33, 77, 92, 97, 101, 102
- nicht analysierbare 33

O

Objektbeziehungstheorie 43
Objekt, subjektives 47
Objektverwendung 48, 105, 110
Objektwahl 35

P

Persönlichkeitsakzentuierung, narzisstische 77
Persönlichkeitsorganisation, präödipale 91, 101
Persönlichkeitsstörung
- antisoziale 96
- narzisstische 77
- präödipale 77
- präödipale narzisstische 103
Psychoanalyse, relationale (Mitchell) 67
psychoanalytisches Feld 67
Psychotherapie
- interaktionelle 113
- mentalisierungsbasierte (MBT) 113
- strukturbezogene 113
- übertragungsfokussierte 113

S

Säuglingsforschung 56, 71
Selbst 42, 60, 104
- autonomes 66
- bipolares 59, 82, 83
- Doppelgesicht bei Lacan 51
- Entwicklung 60
- Entwicklung bei Stern 69
- falsches 48, 59, 99, 106, 109
- fluides, dynamisches 66
- grandioses 93
- Größenselbst 44, 50, 62, 64
- inferiores 93
- intersubjektives 69
- Kernselbst 70
- kohärentes 59
- reflexives 65
- Soziogenese 54

Selbstgefühl 52, 60, 76
Selbstobjekt 60, 61, 63, 64
Selbstobjektfunktion 60, 88
Selbst-Objekt-Repräsentanzen 51
Selbstpsychologie 114
- Begriffe 59
- frühe 55
- Kohut 57
- spätere 65
Selbstwertgefühl 60, 100
Selbstwertkonflikt 100
Spaltung 99
- vertikale 82
Spiegelstadium 52
Störung, bipolare affektive 83, 94
Strukturbezogene Psychotherapie 113
Strukturniveau 123
- mittleres 97
Suizid 90

U

Übergangsobjekt 48, 110
Übertragung
- Alter-Ego- oder Zwillings- 115
- grandioses Selbst 115
- Größenselbst- 115
- idealisierende 114
- intersubjektiver Prozess 120
- Matrix 71
- narzisstische 114
- Spiegel- 115
Übertragungsfokussierte Psychotherapie TFP 113

W

Wende, intersubjektive 67